SOPHIA THIEL

FITNESS SWEETS

Bibliografische Information der Deutschen Nationalbibliothek:
Die Deutsche Nationalbibliothek verzeichnet diese Publikation in der Deutschen Nationalbibliografie.
Detaillierte bibliografische Daten sind im Internet über http://d-nb.de abrufbar.

Für Fragen und Anregungen:
info@rivaverlag.de

Originalausgabe
1. Auflage 2017

© 2017 by riva Verlag, ein Imprint der Münchner Verlagsgruppe GmbH
Nymphenburger Straße 86
D-80636 München
Tel.: 089 651285-0
Fax: 089 652096

Alle Rechte, insbesondere das Recht der Vervielfältigung und Verbreitung sowie der Übersetzung, vorbehalten. Kein Teil des Werkes darf in irgendeiner Form (durch Fotokopie, Mikrofilm oder ein anderes Verfahren) ohne schriftliche Genehmigung des Verlages reproduziert oder unter Verwendung elektronischer Systeme gespeichert, verarbeitet, vervielfältigt oder verbreitet werden.

Idee, Konzept, Vorwort: Sophia Thiel
Text: Sophia Thiel, Melanie Eberlein
Lektorat: Julia Bauer
Rezeptentwicklung: Stefanie Ganter, Melanie Eberlein, Sophia Thiel
Umschlaggestaltung: Pamela Machleidt
Umschlagabbildung vorn: Dan Carabas, www.dancarabas.com
Umschlagabbildungen hinten: Dan Carabas (li. o., re. u.), Sabrina Sue Daniels (re. o., Mitte, li. u.)
Layout und Satz: mediathletic bild + design, www.mediathletic.com

Druck: Firmengruppe APPL, aprinta Druck, Wemding
Printed in Germany

ISBN Print 978-3-7423-0380-6
ISBN E-Book (PDF) 978-3-95971-898-1
ISBN E-Book (EPUB, Mobi) 978-3-95971-899-8

Weitere Informationen zum Verlag finden Sie unter

www.rivaverlag.de

Beachten Sie auch unsere weiteren Verlage unter www.m-vg.de

SOPHIA THIEL

FITNESS SWEETS

MIT 60 KALORIENARMEN UND EIWEISSREICHEN SÜSSEN REZEPTEN

Ohne Zucker, Weizen und Butter

Sophia THIEL

riva

Inhalt

Hi, ich bin Sophia — 6

Naschen mit gutem Gewissen — 9

Das solltest du wissen — 10
Süßen ohne Zucker: 10 schlanke Alternativen — 12
5 Alternativen zu Weizenmehl — 17
Tipps und Tricks – so funktioniert Fitness Baking — 20
Austauschtabelle — 25
Superfoods für den Nährstoffkick — 27
Deine Extraportion Eiweiß — 30
Ab in die Küche — 33

Meine Fitness Sweets — 35

Süßes Frühstück — 37
Kuchen und Torten — 59
Kleine Köstlichkeiten — 91
Dessert und Eis — 129

Mein Programm — 154

Anhang
Rezeptregister — 156
Bildnachweis — 157

Hi, ich bin Sophia!

Vorwort

Hast du auch Spaß am Backen und an süßen Leckereien, so wie ich? Aber geht das Ganze auch gesund? Also naschen ganz ohne Reue? Na klar, und in diesem Buch zeige ich dir, wie es funktioniert! Ich freue mich, dir hier meine leckeren Fitness Sweets vorzustellen. Warum? Ganz einfach: weil herkömmliche Süßigkeiten gute Vorsätze schnell zunichtemachen. Denn Zucker und Weißmehl sind nicht das, was dein Körper will und braucht.

>>Richtiger Genuss ist, wenn es dir schmeckt und du trotzdem abnimmst.<<

Die gute Nachricht: Du kannst gesund abnehmen und musst trotzdem auf nichts verzichten. Strikte Verbote lassen vielleicht die Pfunde schnell purzeln, aber der Jo-Jo-Effekt schlägt doppelt zurück, sobald der Heißhunger aufkommt. Das kenne ich aus eigener Erfahrung. Du bist nur glücklich, wenn du langfristig motiviert bleibst und dein Gewicht auch hältst. Dafür müssen sich sowohl Training als auch Ernährung und Genuss in den Alltag integrieren lassen.

Weil ich weiß, dass ich regelmäßig Lust auf etwas Süßes bekomme, plane ich es im Voraus ein. Mein Motto dabei: Your own food is the best food! Alle Fitness Sweets passen zu einem sportlichen Lebensstil und meinen Vorstellungen von Clean Eating. Zudem liefern meine süßen Naschereien gesunde Nährstoffe, die dein Körper nach einem harten Training braucht: reichlich Eiweiß, gute Kohlenhydrate und alternative Süße. Tausche zuckerreiche Kalorienbomben einfach durch Gesundes aus – ob süßes Frühstück, Kuchen und Torten, Snacks oder Desserts und Eis.

>>Einmal am Tag brauche ich eine süße Kleinigkeit!<<

Mit meinen Rezepten gibt es keine Ausreden mehr, denn noch nie war Abnehmen so lecker. Ich zeige dir, wie du deine Süßigkeiten ganz einfach selbst zubereitest. Wer also Lust auf Cupcakes, Cookies, Cheesecake oder Tiramisu hat, blättert am besten gleich weiter. Ich verspreche dir, es wird knusprig, saftig, nussig, cremig, eisig, fruchtig, schokoladig, zartschmelzend, verführerisch und himmlisch köstlich!

Viel Spaß beim Backen und Genießen!

Deine

Naschen mit gutem Gewissen

Naschen mit gutem Gewissen

Das solltest du wissen

Fitness Sweets aus der eigenen Küche: Das bedeutet für mich, möglichst naturbelassene Lebensmittel zu verwenden, auf einen hohen Eiweißgehalt zu achten und Fertigprodukte zu meiden. Denn je stärker ein Produkt industriell verarbeitet wurde, desto weniger Nährstoffe enthält es noch. Und wir wollen unserem Körper nur Gutes geben. Wenn du also deine Süßigkeiten selbst zubereitest, kannst du die Zutaten bestimmen und nur verwenden, was deinem Körper auch guttut – und dabei trotzdem lecker schmeckt.

Verzicht löst Heißhunger aus

Sich Süßes komplett zu verbieten und von dir selbst eiserne Disziplin bei der Ernährung zu erwarten, kann nicht funktionieren. Die Folge: Essanfälle, bei denen du dich auf alles stürzt, was Zucker oder viele Kohlenhydrate enthält. Kennst du den Spruch von Paracelsus: »Die Dosis macht das Gift«? Dieser gilt auch für Kuchen und Co. Was ich damit sagen will? Gönne dir ganz bewusst sanft gesüßte Leckereien, die nicht erneut Heißhunger auslösen, und fühle dich damit rundum glücklich. Denn nur dann wirst du es schaffen, dauerhaft schlank und fit zu bleiben.

Meine 5 ultimativen Backregeln

1. Kein Haushaltszucker, dafür natürliche Süßungsmittel
2. Kein Weizenmehl, dafür vollwertige Alternativen
3. Keine Butter, dafür hochwertige pflanzliche Fette
4. Keine künstlichen Aromen, dafür Superfoods mit dem Nährstoffplus
5. Keine überflüssigen Kohlenhydrate, dafür eine Extraportion Eiweiß

Das solltest du wissen

Test: Bist du ein Zuckerjunkie?

Wenn folgende Aussagen auf dich zutreffen, sind meine Fitness Sweets ideal für dich, um der Zuckersucht zu entkommen:

1. Ich esse täglich Süßigkeiten und/oder Teigwaren aus hellem Mehl. ☐ ja ☐ nein
2. Ich habe oft Heißhunger auf Süßes. ☐ ja ☐ nein
3. Ich möchte gern abnehmen, aber es gelingt mir nicht. ☐ ja ☐ nein
4. Mir fällt es schwer, nach einem Stück Schokolade mit dem Essen aufzuhören. ☐ ja ☐ nein
5. Ich habe öfter ein schlechtes Gewissen, weil ich mich gesünder ernähren will. ☐ ja ☐ nein

Ergebnis: Hast du drei oder mehr Fragen mit ja beantwortet? Dann wird es Zeit, deinen Zuckerkonsum zu reduzieren. Ich zeige dir, welche Alternativen ideal sind.

Süßes macht süchtig

Die wichtigste Voraussetzung für das Abnehmen ist ein konstanter Blutzuckerspiegel. Dein Körper befindet sich dann in einem ausgeglichenen Zustand, in dem Heißhungerattacken gar nicht erst entstehen. Stattdessen wird er gleichmäßig mit Energie versorgt. Bei meinen Rezeptzutaten bleibt die Sucht nach Zucker aus. Hin und wieder Lust auf Sweets zu haben, ist hingegen völlig okay. Du wirst sehen, dein Körper braucht bald keine großen Zuckermengen mehr und freut sich über meine dezent gesüßten Leckereien.

Der glykämische Index

Wenn du Heißhungerattacken verhindern willst, solltest du Lebensmittel mit einem niedrigen glykämischen Index – kurz GI – auswählen. Der glykämische Index sagt aus, wie stark dein Blutzuckerspiegel nach dem Essen ansteigt. Weißmehl und Zucker haben einen sehr hohen glykämischen Index, wodurch das Suchtzentrum im Gehirn aktiviert wird. Die Zutaten in meinen Rezepten besitzen hingegen einen niedrigen GI und helfen so beim Abnehmen.

So macht Naschen Spaß

Auf den folgenden Seiten erfährst du, welche Zutaten ich für meine Fitness Sweets verwende. Du wirst vielleicht überrascht sein, auch Avocado, Zucchini oder Süßkartoffeln in den Rezepten zu finden. Und vielleicht hast du noch nie mit Kokosblütenzucker oder Nussmus gebacken. Aber ich bin mir sicher: Mit viel Neugier und Experimentierfreude wirst du jede Menge Spaß in der Küche haben. Übrigens: Viele meiner Rezepte sind vegan oder lassen sich auch rein pflanzlich zubereiten.

Naschen mit gutem Gewissen

Süßen ohne Zucker: 10 schlanke Alternativen

Weißer, raffinierter Zucker enthält leere Kalorien und kaum mehr Vitamine oder Mineralstoffe. In Fitness Food hat er also nichts zu suchen. Stattdessen verwende ich für meine Süßspeisen möglichst gesunde und natürliche Alternativen, für die jedoch trotzdem gilt: sparsam verwenden! Denn auch sie sind ein Genussmittel und sollten dein Leben nur hin und wieder versüßen.

Von würzig bis mild: Ahornsirup

Der süße Saft wird aus Ahornbäumen abgezapft und zu Sirup eingekocht. Er enthält hauptsächlich Saccharose und Fruktose und etwa ein Drittel weniger Kalorien als raffinierter Zucker – süßt aber stärker. Je dunkler der Sirup, desto intensiver ist übrigens sein Geschmack. Ein hellerer Sirup spricht jedoch für höhere Qualität. Mit AA gekennzeichnet, besitzt Ahornsirup den höchsten Qualitätsgrad. Zum Backen und für die klassischen Pancakes lässt er sich prima einsetzen.

Dezent und gesund: Reissirup

Der meist aus gemahlenem Vollkornreis hergestellte Sirup ist in Japan sehr beliebt. Er süßt weniger stark als Haushaltszucker, hat einen dezenten Karamellgeschmack und lässt den Blutzucker nicht so stark ansteigen. Reissirup ist fruktosefrei, enthält gesunde Mineralstoffe, ist darmfreundlich und sollte stets in Bioqualität gekauft werden. Möchtest du beim Backen Zucker durch Reissirup ersetzen, solltest du etwas weniger Flüssigkeit verwenden.

Heilende Kraft: Honig

Der Blütennektar enthält neben Trauben- und Fruchtzucker wertvolle Inhaltsstoffe wie Vitamine, Mineralstoffe und Spurenelemente. Honig süßt stärker als Zucker, sollte aber nicht unbedingt über 40 °C erhitzt werden, weil dadurch seine gesunden Inhaltsstoffe wie Vitamine, Mineralstoffe und besonders die wertvollen Enzyme (Proteine) zerstört werden. Beim Backen verliert er also seine gesundheitlichen Vorzüge und ist dann nichts weiter als ein alternatives Süßungsmittel, aber trotzdem noch natürlich. Verwendest du Honig anderweitig, kaufe nur solchen mit der Bezeichnung »Deutscher Honig«, um von seinen gesundheitlichen Vorzügen zu profitieren. Denn in der Deutschen Honigverordnung ist festgelegt, dass Honig beim Abfüllen nicht über 40 °C erhitzt werden darf. Importhonige dagegen haben lange Wege hinter sich und sind wärmebehandelt – also lieber einen Euro mehr ausgeben.

sehr beliebt. Zudem stecken in ihm noch die Nährstoffe, die bei raffinierten Produkten fehlen. Eine flüssige Alternative ist Kokosblütensirup. Nachteile: der lange Transportweg und der hohe Preis.

Powerfood: Trockenfrüchte

Gesünder zu süßen, funktioniert auch mit getrocknetem Obst, das konzentrierten Fruchtzucker enthält. Am besten eignen sich dafür Datteln, aber auch Aprikosen, Gojibeeren, Rosinen oder Feigen. Die in den Früchten enthaltenen Ballaststoffe sind außerdem gut für die Verdauung, und die vielen Mineralstoffe machen sie zu Fitnesslebensmitteln. Ich verwende Trockenobst gern für Riegel, aber auch in Energiekugeln oder für Cookies. Um die Früchte besser verarbeiten zu können, einfach mit etwas Wasser pürieren.

Mit Karamellnote: Kokosblütenzucker

Der Nektar aus den Blüten der Kokospalme wird zu Sirup eingekocht, getrocknet und gemahlen. Er sieht dann aus wie brauner Zucker, hat ein leckeres Karamellaroma ohne Kokosgeschmack und süßt fast genauso stark wie Haushaltszucker. Er hat einen niedrigen glykämischen Index und lässt daher den Blutzuckerspiegel nur sehr gering ansteigen. Aus diesem Grund ist er

Fruchtig frisch: Banane oder Apfelmus

Frischobst ist wohl die natürlichste Art, meine Naschereien zu süßen. Ungesüßtes Apfelmus eignet sich wunderbar für Cookies, Muffins und Kuchen. In Backwaren, besonders in Kuchen, kannst du Zucker gut durch zerdrückte Bananen ersetzen. Die Bananen sollten möglichst reif sein, dann schmecken sie am aromatischsten. Am besten lässt sich die Banane verarbeiten, wenn du sie schälst und kurz in der Mikrowelle weich werden lässt.

Naschen mit gutem Gewissen

Grundrezept für selbst gemachtes Apfelmus

Für 4–5 Gläser (à 250 ml)

*1,5 kg gemischte Äpfel
(z. B. Boskop, Elstar, Topaz)
Saft von einer ½ Zitrone
¼ TL Zimtpulver
¼ TL gemahlene Bourbonvanille*

*Außerdem
Schraubgläser*

So geht's

1 Die Äpfel schälen, vom Kerngehäuse befreien und in kleine Würfel schneiden. Äpfel, 150 ml Wasser und Zitronensaft in einem Topf aufkochen. Zimt und Vanille zufügen und alles zugedeckt bei mittlerer Hitze 15 Minuten bissfest dünsten.

2 In der Zwischenzeit Schraubgläser heiß ausspülen und abtropfen lassen.

3 Den Topf vom Herd nehmen und die Äpfel mit einem Pürierstab fein pürieren oder mit einem Kartoffelstampfer oder einer Gabel grob zerdrücken.

4 Das Apfelmus in die vorbereiteten Gläser füllen (sie sollten bis zum Rand gefüllt sein) und sofort mit den Deckeln verschließen. Die Gläser auf den Kopf stellen und mindestens 30 Minuten stehen lassen. Anschließend wieder aufrecht stellen und vollständig auskühlen lassen. Das Apfelmus hält sich im Kühlschrank ca. 1 Woche.

Süßen ohne Zucker: 10 schlanke Alternativen

Die Trendsüße: Agavendicksaft

Der eingedickte Saft aus der Agave hat eine höhere Süßkraft als Zucker und ist sehr beliebt, weil er einen eher neutralen Geschmack hat und daher sehr vielfältig einsetzbar ist. Sein niedriger glykämischer Index machte ihn eine Zeit lang zum Low-Carb-Liebling. Allerdings besteht Agavendicksaft hauptsächlich aus Fruchtzucker, sollte also nach neueren Erkenntnissen wie jedes Süßungsmittel sparsam verwendet werden.

Exotisch Köstlich: Lucuma

Die südamerikanische Frucht wird aufgrund ihrer Farbe auch das »Gold der Inka« genannt. Getrocknet und pulverisiert wird sie inzwischen immer häufiger bei uns angeboten. In der Lucuma stecken viel Beta-Carotin, Eisen, Zink, Magnesium und Kalzium, toll also für das Immunsystem und jeden Sportler. Als Süße mit leckerer Karamellnote kann sie verhindern, dass der Blutzuckerspiegel allzu sehr schwankt.

Das Honigkraut: Stevia

Der kalorienfreie Süßstoff Steviosid, aus den Blättern der Steviapflanze gewonnen, ist kalorienfrei und besitzt eine 300-mal höhere Süßkraft als Zucker, ist also schwierig zu dosieren. Viele der Produkte im Handel haben einen lakritzartigen Nachgeschmack und sind deshalb nicht jedermanns Fall. »Streusüße« wird meist mit anderen Süßungsmitteln gemischt angeboten und hat deshalb eine weiße Farbe. Echtes Steviapulver dagegen ist grün, so wie die Blätter. Es ist also immer ein Blick auf die Zutatenliste nötig. Wer Wert auf Qualität legt, sollte bei Stevia deshalb tiefer in die Tasche greifen.

Mein Tipp

Bei den meisten herkömmlichen Rezepten kannst du getrost ein Drittel oder sogar die Hälfte der Zuckermenge weglassen – schmecken werden sie trotzdem.

Naschen mit gutem Gewissen

Figurfreundlich: Xylit (Birkenzucker)

Xylit ist als natürlicher Zuckeralkohol Bestandteil vieler Gemüsesorten und Baumrinden, darunter auch die Birke, worauf sich sein weiterer Name Birkenzucker zurückführen lässt. Er hat nahezu die gleiche Süßkraft wie Haushaltszucker, enthält aber 40 Prozent weniger Kalorien. Zudem ist Xylit sehr zahnfreundlich und hemmt sogar das Wachstum von Karies, was als weiteres Plus anzuführen ist. Die Herstellung ist jedoch aufwendig, daher der hohe Preis im Handel. Zum Backen oder für Zuckerguss eignet sich am besten der vermahlene Birkenpuderzucker.

Aber Achtung! Falls du einen Hund hast, solltest du unbedingt darauf achten, dass er nichts mit Xylit zu Fressen bekommt. Der Zuckeralkohol ist für das Tier hochgiftig und kann sogar zum Tod führen. Also aufgepasst!

Kalorienfrei süßen: Erythrit und Süßstoffe

Auch Erythrit gehört zu den Zuckeralkoholen. Es süßt nur zu 70 Prozent so stark wie Zucker, ist dafür aber kalorienfrei und ähnlich zahnpflegend wie Xylit. Auf den Blutzucker- und Insulinspiegel hat es keinen Einfluss. Komplett erforscht sind die Wirkungen auf Stoffwechsel und Darm jedoch noch nicht. Wer sich natürlich ernähren möchte, verwendet Erythrit daher nur sparsam, zum Beispiel in der gemahlenen Variante, und nutzt vorwiegend andere Süßungsmittel.

Alle Zuckeralternativen, die keine Kalorien liefern, also auch künstliche Süßstoffe wie Aspartam (E 951), Saccharin (E 954) oder Cyclamat (E 952), gaukeln dem Körper Zucker vor und können so den Stoffwechsel irritieren. Sie versprechen süße Kalorien, die nicht kommen. Die Folge: Deine Lust auf Süßes wird noch mehr angeheizt. Achte deshalb darauf, weitgehend auf solche Stoffe zu verzichten und mit Erythrit nur dezent zu süßen!

Puderzucker selbst gemacht

Aus den trockenen Zuckeralternativen kannst du ganz einfach Puderzucker selbst herstellen, indem du sie in einem Hochleistungsmixer, Blitzhacker oder einer sauberen Kaffeemühle fein mahlst. Ich stelle mir gern eine Pudervariante aus Birkenzucker her, die ich dann im Schrank immer vorrätig habe.

5 Alternativen zu Weizenmehl

Im sogenannten Weißmehl, also Weizenmehl Type 405, steckt außer »leerer« Energie kaum etwas, das dein Körper braucht. Zudem lässt es deinen Blutzuckerspiegel Achterbahn fahren und stört sogar den Muskelaufbau. Doch inzwischen gibt es immer mehr Alternativen, mit denen sich gesund und lecker backen lässt. Meine Fitnessfavoriten möchte ich dir im Folgenden vorstellen.

Alternative 1: Glutenfreie Mehle

Gluten ist das Klebereiweiß in vielen Getreidesorten, insbesondere beim Weizen. Es gibt Teigen bei der Verarbeitung mit Flüssigkeit die nötige zähe Konsistenz und bindet die Zutaten. Wer Gluten nicht verträgt oder darauf verzichten möchte, für den sind folgende Mehlalternativen ideal, denn sie sind sehr proteinreich, reich an Ballast- und Mineralstoffen und zudem kohlenhydratarm (Low Carb). Übrigens: In Fertigprodukten ist Gluten nicht immer gekennzeichnet! Ein Grund mehr, keine zu kaufen und stattdessen selbst zu backen.

Kokosmehl

Das leicht süßlich schmeckende Kokosmehl eignet sich prima für Kuchen oder Muffins, da es mit knapp 10 Prozent Fett das Gebäck schön saftig macht. Zudem punktet es mit bis zu 50 Prozent Ballaststoffen, 20 Prozent Eiweiß und nur 20 Prozent Kohlenhydraten. Achte aber darauf, dass die anderen Komponenten deines Gebäcks gut zum Kokosgeschmack passen.

Da Kokosmehl sehr saugfähig ist, muss mit mehr Flüssigkeit gearbeitet werden. Am besten mischst du es immer mit anderen Mehlen.

Pizza, Kuchen, Nudeln und Co.

Zum Backen greifen wir meist zu Weizenmehl Type 405. Diese Zahl gibt den Ausmahlungsgrad und Gehalt an Mineralstoffen, etwa Kalium und Magnesium, an und reicht von 405 bis 1800. Bei Type 405 sind nur noch 405 mg Mineralstoffe in 100 g Mehl zu finden. Je höher die Zahl, desto mehr Mineralien, aber auch Ballaststoffe, B-Vitamine und pflanzliches Eiweiß enthält das Produkt. Weißes Weizenmehl steckt in Weißbrot, hellen Brötchen, Toast, Pizza, Nudeln und vielen anderen Backwaren wie Kuchen, Torten und Keksen.

Naschen mit gutem Gewissen

Mandelmehl

Diese Alternative mit bis zu 50 Prozent Protein ist nicht nur extrem lecker, da sie fast marzipanähnlich schmeckt, sie schenkt deinem Backwerk auch eine Extraportion Eiweiß. Übrigens: Mandelmehl ist etwas anderes als gemahlene Mandeln. Es entsteht als Nebenprodukt bei der Pressung von Mandelöl. Erhältlich ist entöltes oder teilentöltes Mandelmehl, das ballaststoffreicher ist als die gemahlenen Mandeln. Auch hier gilt: Flüssigkeit oder ein zusätzliches Ei hinzufügen.

Sojamehl

Es ist sehr proteinreich und schmeckt leicht nussig. Das Bohnenmehl wird entweder mit anderen Mehlsorten gemischt (bis zu 20 Prozent der Mehlmenge) oder als Ei-Ersatz verwendet. Da es schnell ranzig wird, nur kleine Mengen kaufen und kühl lagern.

Backtriebmittel

Herkömmliches Backpulver besteht unter anderem aus Phosphat, das in größeren Mengen nicht gut für den Körper ist. Eine Alternative ist Weinsteinbackpulver, bei dem die natürliche Weinsteinsäure verwendet wird. Du kannst auch reines Natron verwenden. Dann muss im Teig allerdings bereits eine säurehaltige Zutat wie zum Beispiel Zitronensaft, Joghurt oder Buttermilch enthalten sein, denn nur dann entfaltet Natron seine treibende Wirkung, die den Teig auflockert. Ist dies nicht der Fall, kannst du Natron mit Essig oder Zitronensaft gemischt als Backpulverersatz verwenden. Als Richtlinie gilt: 5 g Natron und 5 EL Säuerungsmittel auf 500 g Mehl.

Auch Mineralwasser kann in manchen Rezepten, zum Beispiel in Pancakes, als Ersatz dienen, denn die enthaltene Kohlensäure sorgt dafür, dass der Teig sich aufbläht.

5 Alternativen zu Weizenmehl

Buchweizenmehl

Das Vollkornmehl hat einen recht starken, leicht bitteren Eigengeschmack und wird daher oft mit neutralen Mehlen gemischt. Es ist ideal für Pfannkuchen, Muffins oder Bananenbrot. Übrigens: In dem Pseudogetreide stecken 10 Prozent Eiweiß für deine Muskeln.

Weitere glutenfreie Mehle

Auf dem Markt findest du inzwischen immer mehr glutenfreie Mehle. Wenn du Lust hast, kannst du auch mit folgenden Alternativen experimentieren:

- Amarantmehl
- Braunes Reismehl
- Chiamehl
- Hirsemehl
- Kichererbsenmehl
- Quinoamehl
- Sorghummehl
- Teffmehl

Alternative 2: Dinkelmehl

Dinkel ist wesentlich gesünder als Weizen. Er enthält jede Menge Vitalstoffe, darunter Magnesium und Eisen. Beim Abnehmen kann Dinkelmehl ebenso helfen, denn es sättigt besonders lang anhaltend. Achte darauf, nur Vollkornmehl zu verwenden, denn dieses enthält die meisten Mineralstoffe.

Alternative 3: Hafermehl

Das Vollkornmehl aus Hafer lässt sich wie Weizenmehl verwenden und wird daher immer beliebter. Übrigens: Nur zertifizierter Hafer ist nicht durch Weizen verunreinigt und somit glutenfrei. Du kannst das Mehl ganz einfach selbst herstellen, indem du die Haferflocken im Mixer fein mahlst.

Alternative 4: Eiweißpulver

Ich backe besonders gern mit Proteinpulver. Es kann einen Teil des Mehls im Gebäck ersetzen und sorgt zudem dafür, dass weniger Zucker benötigt wird: also weniger Kohlenhydrate, dafür mehr Eiweiß. Übrigens: Die Hitze beim Backen macht dem Pulver nichts aus und verfälscht auch somit den Nährwert nicht.

Alternative 5: Süßlupinenmehl

Das Mehl aus der Süßlupine ist durch seinen hohen Eiweißanteil von 40 Prozent bei Sportlern sehr beliebt und enthält alle wichtigen Aminosäuren, die der Körper braucht. Der Fettanteil hingegen ist niedrig. Es ist gut verdaulich und ballaststoffreich. Auch hier gilt: Zum Backen mit anderen Mehlen mischen.

>>Iss nicht weniger, sondern das Richtige!<<

Naschen mit gutem Gewissen

Tipps und Tricks – so funktioniert Fitness Baking

Gesund und nährstoffreich zu backen, ist gar nicht so schwierig. Mit dem nötigen Wissen um alternative Zutaten und mithilfe meiner Tipps kannst du Omas oder andere Lieblingsrezepte ganz einfach abändern, sodass sie zum Fitness Sweet werden. Viele Zutaten, die in meinen Rezepten verwendet werden, mögen dir vielleicht auf den ersten Blick etwas seltsam vorkommen. Wer kennt schon Gemüse in Kuchen und Gebäck? Wenn du dich aber etwas näher mit ihnen auseinandersetzt, wirst du feststellen, dass sie dank ihrer Eigenschaften eine echte Bereicherung für Süßspeisen sind. Wenn du sie dann noch gezielt mit anderen Powerzutaten kombinierst, kann nichts mehr schiefgehen.

Meine Top 8 der Lieblingszutaten

1. **Süßkartoffel:** Zerstampft oder gerieben im Teig ist die Knolle dank ihres süßen Eigengeschmacks ein Hit, zum Beispiel in: Süßkartoffel-Fudge-Brownie, Seite 79.

2. **Ei:** Das Kraftpaket liefert bestes Protein plus Mineralstoffe und dämpft als natürlicher Appetitzügler den Hunger, zum Beispiel in: Schoko-Pancakes mit Himbeercreme, Seite 45.

3. **Nüsse:** Sie sind reich an mehrfach ungesättigten Fettsäuren und Vitamin B und unterstützen dadurch die Hirnleistung, zum Beispiel in: Carrot Cake, Seite 65.

4. **Avocado:** Als Butterersatz im Gebäck oder einer Creme wirst du überrascht sein, wie neutral sie schmeckt, zum Beispiel in: Schoko-Chia-Pudding, Seite 133.

5. **Quinoa:** Ob in Kuchen, Pudding oder Keks – das Pseudogetreide ist glutenfrei und wird sogar als Mehl angeboten, zum Beispiel in: Quinoa-Quark-Auflauf mit Heidelbeeren, Seite 46.

6. **Kidneybohnen:** Auch ich war zunächst skeptisch, doch meine ersten Brownies mit den Hülsenfrüchten haben mich mit ihrer herrlich saftigen Konsistenz überzeugt, zum Beispiel in: Schokokuchen mit Kidneybohnen, Seite 71.

7. **Beerenobst:** Die kleinen Vitaminbomben sind kalorienarm und machen dein Gebäck schön saftig, zum Beispiel in: Raw-Protein-Pops, Seite 122.

8. **Zucchini:** Karottenkuchen kennt jeder, dabei lassen sich Zucchiniraspel genauso gut verarbeiten. Probiere es aus, zum Beispiel in: Schoko-Erdnuss-Zoats, Seite 38.

Tipps und Tricks – so funktioniert Fitness Baking

Make it vegan! Backen ohne Ei, Milch und Butter

Wer seine Rezepte nicht nur fit, sondern auch rein pflanzlich gestalten möchte, findet inzwischen in jedem Supermarkt die richtigen Zutaten dafür. Fast alle meine modernen Rezepte oder auch klassisches Gebäck lassen sich ganz easy »veganisieren«. Denn die meisten Zutaten wie Nüsse, Mehl, Früchte und Süßungsmittel sind bereits tierfrei.

Die 9 besten Alternativen zu Ei

Ei-Ersatz als Fertigprodukt findest du in gut sortierten Supermärkten oder im Internet, inzwischen sogar veganes Eigelb und Eiweißersatz zum Aufschlagen. Doch auch zahlreiche andere Zutaten eignen sich – je nachdem, was sie im Gebäck bewirken sollen. Denn das Ei kann die Zutaten binden, das Gebäck luftig machen, Feuchtigkeit spenden oder Farbe und Geschmack geben.

1. **Sojamehl + Wasser:** Das Mehl der Sojabohne kannst du für Kuchen, Waffeln oder anderes Gebäck verwenden. Einfach 1 EL Mehl mit 2 EL Wasser, besser noch Mineralwasser, verrühren, um ein Ei zu ersetzen.

2. **Johannisbrotkernmehl + Wasser oder Milchalternative:** Als natürliches Bindemittel kann es für kalte Speisen wie Creme, Pudding und Eis verwendet werden. 1 EL Johannisbrotkernmehl plus etwas Wasser oder Milchersatz ersetzt ein Ei. Zum Andicken von Desserts verwendest du am besten 1 g auf 500 ml kalte Speise.

3. **Kichererbsenmehl + Wasser:** Das eiweißreiche Mehl bindet ebenfalls die Zutaten und eignet sich gut für Pancakes oder Biskuitteig. Für ein Ei nehme ich 1 EL Kichererbsenmehl gemischt mit 2 EL Wasser.

4. **Essig + Natron:** Dein Backwerk soll schön fluffig werden? Dann mische für ein Ei einfach 1 EL Apfelessig oder Branntweinessig mit 1 TL Natron. Übrigens: Der Essig verflüchtigt sich beim Backen und hinterlässt keinen Eigengeschmack.

5. **Seidentofu:** Im Gegensatz zu normalem Tofu ist diese Sorte besonders feucht und gut zu verarbeiten. Toll eignet er sich für Käsekuchen, aber auch für andere cremige Süßspeisen und Gebäck. 50 g Seidentofu ersetzen etwa ein Ei.

Mein Tipp

Sojasahne eignet sich als Eigelbersatz, um Gebäck, etwa Blätterteig, einen schönen Glanz zu verleihen.

6. **Leinsamen + Wasser:** Ich verwende sie gern für Vollkorngebäck, insbesondere für Plätzchen. Fein gemahlen oder geschrotet dienen sie als Bindemittel. Auch Waffeln, Pfannkuchen und Muffins lassen sich damit zubereiten. 1 EL Leinsamen mit 2 EL Wasser gemischt ersetzen ein Ei.

Naschen mit gutem Gewissen

7. **Chiasamen + Wasser:** Sie werden ähnlich wie Leinsamen eingesetzt und verleihen Cookies eine weiche und saftige Konsistenz. Auch hier gilt: Für ein Ei 1 EL Chiasamen gründlich mit 2 EL Wasser verrühren und 15 Minuten quellen lassen.

8. **Apfelmus:** Soll der Teig schön feucht und saftig werden, empfehle ich Apfelmus als Ei-Ersatz. Eine bindende Wirkung hat das Fruchtmus allerdings kaum. Etwa 85 g Apfelmus entsprechen einem Ei, wobei der Eigengeschmack beim Backen verloren geht.

9. **Banane:** Sie hat einen relativ starken Eigengeschmack, sollte also in den Rezepten verwendet werden, in denen Banane auch erwünscht ist. Für saftiges Backwerk die reife Frucht einfach zerdrücken und unterrühren. Statt einem Ei kannst du eine halbe Banane verwenden.

Kuhmilch ersetzen

Obwohl ich trotzdem Kuhmilch und deren verarbeiteten Produkte wie Naturjoghurt oder Skyr, ein traditionelles isländisches Milchprodukt, das eine ähnliche Konsistenz wie Quark oder Frischkäse mit einem hohen Protein- und niedrigen Fettgehalt hat, verwende, gibt es zahlreiche Alternativen. Die Vielfalt ist inzwischen riesengroß. Ich möchte dir kurz meine liebsten Sorten vorstellen, mit denen sich prima in der Backstube arbeiten lässt.

Mandeldrink: Schmeckt mild nussig und eignet sich für so gut wie alle Rezepte.

Sojadrink: Der typische Sojageschmack des Klassikers verflüchtigt sich beim Backen; ist für kalte Speisen daher weniger geeignet.

Cashewdrink: Sein leicht nussiger Geschmack ist angenehm in Gebäck und Desserts.

Kokosdrink: Er verleiht Gebäck oder Desserts einen leicht exotischen Geschmack.

Kokosmilch: Perfekt für Füllungen und Mousse; die Dose vor dem Öffnen immer gut schütteln.

Reisdrink: Allergenarmer, sehr dünnflüssiger Milchersatz, der neutral und natürlich süß schmeckt.

Vegane Buttermilch

Falls du für ein Rezept Buttermilch brauchst, gib einfach etwas Apfelessig oder Zitronensaft in eine Tasse Sojamilch. Durch die Säure gerinnt die Flüssigkeit nach einer Weile. Achte darauf, möglichst ein Produkt ohne zugesetzten Zucker zu kaufen!

Tipps und Tricks – so funktioniert Fitness Baking

Basisrezept für selbst gemachte Mandelmilch

Laktosefrei backen

Übelkeit, Bauchschmerzen, Blähungen: Viele vertragen keine Laktose, den Milchzucker in Milchprodukten. Es handelt sich dabei um einen Enzymdefekt, bei dem der Körper zu wenig Laktase-Enzyme produziert und der in erster Linie Erwachsene betrifft. Bei Backrezepten solltest du deshalb auf Alternativen zu Milchprodukten und Butter zurückgreifen. Übrigens: Glutenunverträglichkeit und Laktoseintoleranz treten häufig zusammen auf. Welche meiner Sweets laktose- und glutenfrei sind, ist jeweils gekennzeichnet.

Zutaten für 500 ml

125 g ganze Mandeln mit Schale
Gewürze nach Geschmack
  (z. B. 1 Prise Zimtpulver, gemahlene Bourbonvanille oder Meersalz)

So geht's

1. Die Mandeln in eine Schüssel geben und mit etwas Wasser bedecken. Mindestens 12 Stunden, am besten über Nacht, einweichen lassen. Am nächsten Morgen das Einweichwasser abgießen und die Mandeln mit frischem Wasser abspülen.
2. Mandeln und 500 ml Wasser in den Behälter einer Küchenmaschine oder eines Standmixers geben und alles auf höchster Stufe so lange mixen, bis eine einheitliche Flüssigkeit ohne Stücke entsteht.
3. Ein Geschirr- oder Baumwolltuch auf einem Sieb über einer Schüssel ausbreiten und die Mandelmilch hineingießen. Die Tuchenden zusammennehmen und die Milch durch das Tuch auswringen. Fertig ist die frische, pure Mandelmilch. Den Mandeldrink nach Geschmack mit Gewürzen verfeinern und noch einmal pürieren.

Gut gekühlt hält sich die Mandelmilch etwa ein bis zwei Tage im Kühlschrank.

Naschen mit gutem Gewissen

Butter ersetzen

Das Molkereiprodukt von der Kuh lässt sich am einfachsten austauschen. Klar, jede Margarine ist praktisch vegan, enthält aber häufig ungesunde gehärtete Fette. Mittlerweile gibt es jedoch zahlreiche vegane Butter- und Margarinealternativen, die aus gesunden Ölen und Fetten hergestellt werden, unter anderem aus Palmfett und Kokosfett, bevorzugt aus biologischem Anbau. Achte darauf, was auf der Packung steht. Einige von ihnen sind zum Backen und Braten geeignet und schmecken sogar wie Butter. Oft sind diese Alternativen auch günstiger als Butter.

Als Gelatine-Ersatz eignet sich Agar-Agar, eine pflanzliche Alternative aus getrockneten Meeresalgen.

Gute Fette für meine Fitness Sweets

Die Fette, die ich für meine Rezepte verwende, sind allesamt vegan. Dabei müssen es nicht immer Öle sein. Hochwertige Fette liefern auch Nüsse, Kerne und Samen, ebenso Erdnussmus, Mandelmus oder gemischtes Nussmus. Eine reife Avocado kann ebenfalls als Butterersatz dienen, wobei sie wesentlich weniger Kalorien, dafür jedoch wertvolle einfach ungesättigte Fettsäuren enthält. Darüber hinaus eignen sich auch Raps- und Kokosöl wunderbar für meine Sweets.

Mein Tipp

Nüsse und Samen – ob im Ganzen, gehackt oder gemahlen – schmecken noch intensiver, wenn du sie zuvor in einer Pfanne ohne Fett leicht anröstest. Dabei sollten sie nicht zu dunkel werden, sonst nehmen sie einen bitteren Geschmack an.

Austauschtabelle

Du weißt nun bereits jede Menge über gesunde Lebensmittel, welche für Vegetarier und Veganer geeignet sind und wer sich bei Glutenunverträglichkeit und Laktoseintoleranz welcher Lebensmittel bedienen sollte. In der folgenden Tabelle findest du einen Überblick über diejenigen Lebensmittel, die du durch – meist auch gesündere – Alternativen ersetzen kannst.

Lebensmittel	Alternative	Kennzeichnung		
		vegan	glutenfrei	laktosefrei
Haushaltszucker	Ahornsirup	✓	✓	✓
	Reissirup	✓	✓	✓
	Honig		✓	✓
	Kokosblütenzucker	✓	✓	✓
	Trockenfrüchte	✓	✓	✓
	Banane	✓	✓	✓
	Apfelmus	✓	✓	✓
	Lucuma	✓	✓	✓
	Stevia	✓	✓	✓
	Xylit (Birkenzucker)	✓	✓	✓
Weißmehl aus Weizen	Kokosmehl	✓	✓	✓
	Mandelmehl	✓	✓	✓
	Sojamehl	✓	✓	✓
	Buchweizenmehl	✓	✓	✓
	Dinkelmehl	✓		✓
	Hafermehl	✓		✓
	Süßlupinenmehl	✓	✓	✓

Naschen mit gutem Gewissen

Lebensmittel	Alternative	Kennzeichnung		
		vegan	glutenfrei	laktosefrei
Backpulver	Weinsteinbackpulver	✓	✓	✓
	Natron	✓	✓	✓
	kohlensäurehaltiges Wasser	✓	✓	✓
Ei	Sojamehl	✓	✓	✓
	Johannisbrotkernmehl	✓	✓	✓
	Kichererbsenmehl	✓	✓	✓
	Essig mit Natron	✓	✓	✓
	Seidentofu	✓	✓	✓
	Leinsamen	✓	✓	✓
	Chiasamen	✓	✓	✓
	Apfelmus	✓	✓	✓
	Banane	✓	✓	✓
Kuhmilch	Mandeldrink	✓	✓	✓
	Sojadrink	✓	✓	✓
	Cashewdrink	✓	✓	✓
	Kokosdrink	✓	✓	✓
	Reisdrink	✓	✓	✓
Butter	Quark		✓	
	pflanzliche Butteralternative	✓	✓	✓
	Nussmus	✓	✓	✓
	Avocado	✓	✓	✓
	Rapsöl	✓	✓	✓
	Kokosöl	✓	✓	✓
Schokoladen zum Backen	Zartbitterschokolade	✓	✓	✓
	Kakaopulver (ungezuckert, schwach entölt)	✓	✓	✓
Gelatine	Agar-Agar	✓	✓	✓

Superfoods für den Nährstoffkick

Wenn man gesund naschen will, dann reicht es mir nicht, einfach herkömmliche Produkte durch vollwertige, nährstoffreiche zu ersetzen. Gern verwende ich darüber hinaus Zutaten, die meinen Rezepten zusätzliche Power verleihen und den Körper auf natürliche Weise mit einer Extraportion Vitaminen und Mineralstoffen versorgen, statt ihn mit leeren Kalorien zu belasten.

Chiasamen – die Proteinbomben

Sie eignen sich für Pudding, Marmelade, Pfannkuchen, Eis, Riegel oder als Ei-Ersatz. Die eiweißreichen Kügelchen sind ein wahrer Alleskönner und zudem reich an Omega-3- und Omega-6-Fettsäuren sowie Kalzium und Eisen. Was sie für meine Rezepte so wertvoll macht: Sie sind geschmacksneutral und sättigen besonders lang anhaltend.

Kakaonibs – die Glücksboten

Die kleinen Stückchen werden aus Rohkakaobohnen gemacht, sind also die ursprünglichste Form des Kakaos. Sie schmecken schokoladig herb und etwas bitter, daher werden viele Produkte gesüßt angeboten. Am besten auf die ungesüßte Variante zurückgreifen. Dieses Raw Food enthält wichtige Antioxidantien, Eisen, Kalzium, Magnesium sowie ungesättigte Fettsäuren und gilt als Stimmungsaufheller. Also rein damit in die Cookies!

Naschen mit gutem Gewissen

Gojibeeren – die Alleskönner

Das Superfood hat einen außergewöhnlich hohen Anteil an wichtigen Nährstoffen und Mineralien. Bei uns ist die Beere auch als Wolfsbeere oder Bocksdornbeere bekannt. In ihr steckt alles, was dein Körper bei Aktivität und zum Gewichtsverlust dringend benötigt. Zum Backen eignet sich die ganze Beere getrocknet, das Pulver oder auch der Saft.

Leinsamen – die Gewichtsmanager

Auch Leinsamen sättigen gut und unterstützen somit das Abnehmen. Sie fördern die Verdauung und sind wertvoll für Vegetarier, da sie reich an Omega-3-Fettsäuren, Kalzium, Eisen und Vitamin E sind. Übrigens: Geschroteter Leinsamen wird schneller ranzig, kaufe also lieber ganze Körner oder nur kleine Portionen, die du innerhalb von vier bis sechs Monaten aufbrauchen kannst.

Karotten – die Vitaminbooster

Zucchini, Avocado, Kichererbsen: Sie alle finden sich nicht nur im Salat, sondern können auch zum Backen verwendet werden. Die Karotte ist dabei mein Liebling, denn sie ist kalorienarm, natürlich süß und steckt voller Betacarotin und Folsäure. Karottenraspel machen Kuchen, Muffins und Waffeln schön saftig. Übrigens: Viele Inhaltsstoffe werden erst durch das Backen freigesetzt.

Superfoods für den Nährstoffkick

Erdmandeln – die Nussalternative

Die kleinen Knöllchen gibt es ganz, gemahlen oder als Flocken. Sie sind ballaststoffreich, haben einen hohen Nährstoffgehalt und sind ideal für Nussallergiker. Die Erdmandel, auch Chufa oder Tigernuss genannt, ist glutenfrei und besitzt eine natürliche Süße. Mehl oder Flocken vor der Verwendung, wenn möglich, anrösten, damit kitzelst du noch mehr Geschmack heraus.

Açaibeeren – die Schönmacher

Die Beeren bestehen zu 90 Prozent aus einem Kern, nur ihre Haut ist essbar. Deshalb werden sie nach der Ernte entkernt, püriert und meist als Pulver angeboten. Wertvolle Mineralien und essenzielle Fettsäuren versorgen dich mit extra Nährstoffen. Eine gute Portion Antioxidantien fängt freie Radikale ab. Zudem sättigt Açai und kurbelt den Stoffwechsel an.

Naschen mit gutem Gewissen

Deine Extraportion Eiweiß

Wichtig in meiner Ernährung ist ein hoher Eiweißanteil. Denn ohne ausreichend Proteine ist es schwierig, den Körper positiv zu verändern, abzunehmen und attraktive Muskeln aufzubauen. Was Eiweiß sonst noch kann? Es sorgt für ein starkes Immunsystem, dein Gehirn braucht es für Konzentration, gute Laune und innere Ausgeglichenheit. Zudem sättigt es besonders gut und hält bei der Verarbeitung im Körper deinen Stoffwechsel auf Trab.

Konzentriertes Eiweiß

Um den Proteingehalt deiner Mahlzeiten zu verbessern, sind Eiweißpulver ideal. Entgegen vieler Meinungen sind diese keine künstlichen, sondern natürliche Produkte, die meist auf Milch- oder Sojabasis hergestellt werden. Hinzu kommt, dass sie schnell zubereitet sind, man sie gut mitnehmen kann, satt machen und den Süßhunger stillen – perfekt. Dabei lassen sich die Pulver nicht nur für Shakes verwenden, sondern auch für Süßspeisen und Gebäck.

Welches Produkt sich eignet

Zum Backen eignet sich am besten ein Mehrkomponenten-Proteinpulver. Aber auch ein Soja- oder Milchprotein (Kasein) ergibt eine teigige Konsistenz. Wer nur ein Molkeprotein (Whey) zu Hause hat, kann natürlich auch mit diesem experimentieren, es bindet nur nicht so gut. Für Desserts eignet es sich hingegen super. Das Pulver kann beim Backen einen Teil des Mehls ersetzen, den Nährwertgehalt verbessern und durch die Süße Zucker und Zuckeralternativen einsparen: also den Eiweißanteil hoch- und den Kohlenhydratanteil herunterschrauben.

Mein Tipp

Achte auf gute Qualität, das bedeutet, mindestens 80 Prozent Protein und nur 1 bis 2 g Zucker auf 100 g Pulver beziehungsweise bleibe unter 3 Prozent.

Allerdings rate ich dir, nicht mehr als die Hälfte des angegebenen Mehls durch Proteinpulver zu ersetzen, um ein gutes Ergebnis zu erzielen. Denn sonst geht die Bindung der Zutaten völlig verloren. Ein kleiner Trick ist, zusätzlich etwas Guarkernmehl zu verwenden, denn es sorgt für die nötige Stabilität des Gebäcks. Übrigens kann die Hitze beim Backen den Proteinen nichts anhaben. Aus der Fitnessküche sind Eiweißpulver kaum mehr wegzudenken.

Also: Mache Käsekuchen oder Muffins zu echten Proteinbomben!

Deine Extraportion Eiweiß

Kleine Eiweißpulverkunde

Inzwischen gibt es unzählige Produkte auf dem Markt – in verschiedenen Geschmacksrichtungen, für unterschiedliche Ziele und sogar spezielle Pulver für Frauen sind erhältlich, solche zum Backen und auch etliche vegane Proteinpulver. Was du dazu wissen solltest:

- Grob unterteilt werden Eiweißpulver für die Ziele Abnehmen und Muskelaufbau. Dabei in Produkte für Männer und Frauen zu unterscheiden, macht keinen Sinn. Auch wenn du ein Whey-Protein zum Muskelaufbau kaufst, wirst du damit keine männlich aussehenden Muskelberge bekommen, sondern eher deinen Körper formen, straffen und den Energieumsatz steigern, was dir beim Abnehmen hilft.

- Proteinpulver sättigen gut und werden prima verstoffwechselt, daher helfen sie eher beim Abnehmen. Gerade wenn du die Kalorienzufuhr reduzierst, sorgt die Extraportion Eiweiß dafür, dass die Muskulatur erhalten und nicht abgebaut wird.

- Eine andere Unterscheidung ist die Eiweißquelle: Gängig sind Molke (Whey), Milch (Kasein), Soja oder Weizen. Inzwischen gibt es jedoch auch Pulver aus Erbsen, Lupinen, Walnüssen, Reis, Hanf und vielem mehr. Bei sogenannten Mehrkomponentenpulvern werden die Eiweißquellen gemischt.

- Geschmacksneutrales Pulver eignet sich zum Backen, insbesondere für herzhafte Rezepte. Vanille- und Schokoladengeschmack sind die Klassiker. Darüber hinaus gibt es auch ganz spezielle Sorten wie Cheesecake oder Marzipan.

- Indizien für eine gute Qualität sind folgende Hinweise: Es sollte kalt verarbeitet sein, eine hohe biologische Wertigkeit besitzen und am besten mit der Herstellungsmethode Cross-Flow-Microfiltration (CFM) gewonnen sein.

- Neben Whey-Protein gibt es das hochwertigere Whey-Protein-Isolat, bei dem der Proteingehalt bei etwa 90 Prozent oder sogar höher liegt, bei einem sehr niedrigen Fett- und Kohlenhydratanteil von nur ca. 1 Prozent. Ein Whey-Protein-Hydrolisat ist sogar noch besser. Es wird zudem deutlich schneller vom Körper aufgenommen und kann durch seinen sehr geringen Milchzuckergehalt interessant für Menschen mit Laktoseintoleranz sein.

Naschen mit gutem Gewissen

Die biologische Wertigkeit

Sie gibt Auskunft darüber, wie gut dein Körper das im Lebensmittel enthaltene Protein verwerten und in körpereigenes Eiweiß umbauen kann. Whey-Protein hat einen sehr hohen Wert von 104. Der Basiswert von 100 entspricht dabei dem Hühner(-voll)ei. Demnach können Produkte mit einem höheren Wert besser vom menschlichen Körper verarbeitet werden.

Erste Hilfe gegen Heißhunger

- Knabbere langsam und genüsslich an einem Stück Zartbitterschokolade.
- Trinke zwei Gläser Ingwer-Zitronen-Wasser.
- Bewege dich, denn Sport reduziert Stress und setzt Endorphine frei.
- Lass dich von der Sonne verwöhnen, auch das erzeugt Glücksgefühle.
- Schnuppere an Gewürzen und Kräutern wie etwa Vanille, Zimt oder Minze.
- Spüle deinen Mund entweder mit Mundwasser oder einer Mischung aus Wasser und Xylit.
- Wende Akupressur an, indem du das Appetitzentrum zwischen Nase und Oberlippe mit dem Finger bearbeitest.

Ab in die Küche

Auf den vorherigen Seiten hast du viel über gesunde Zutaten, Alternativprodukte und hochwertiges Eiweiß gelernt. Du hast genug Wissen gesammelt, um loslegen zu können. Was du jetzt noch brauchst, sind die richtigen »Küchenhelfer«, die für ein erfolgreiches Gelingen deiner Fitness Sweets sorgen.

Erste Hilfe bei kleinen Backpannen

1. **Wenn der Kuchen angebrannt ist …**
   … trage dunkle Stellen mithilfe eines Messers oder einer Reibe ab und entferne die Krümel mit einem Pinsel. Überziehe den Kuchen anschließend mit geschmolzener dunkler Kuvertüre oder einer Puderzuckeralternative, um die möglicherweise etwas uneben gewordene Oberfläche zu kaschieren.

2. **Wenn der Mürbeteigboden zerbrochen ist …**
   … zerkrümle ihn einfach mit den Fingern oder einem Kartoffelstampfer komplett, verknete ihn mit etwas Nussmus und einem Schuss Milch oder Pflanzenmilch und drücke ihn wieder in die Form – ganz ohne backen.

3. **Wenn Muffins oder Kuchen zu trocken geworden sind …**
   … stich das Gebäck mit einem Holzstäbchen mehrmals ein und beträufle es mit etwas Orangensaft. Lass es vor dem Verzehr ca. 20 Minuten durchziehen, so wird es wieder schön feucht.

Starterkit fürs Fitness Baking

Diese Grundausstattung solltest du zu Hause haben:

- Zwei verschieden große Teigschüsseln aus Metall, Kunststoff oder Keramik
- Messbecher und Waage
- Stabiles Mehlsieb
- Pürierstab oder Hochleistungsmixer
- Schneebesen, Handrührgerät
- Teigschaber
- Backpinsel
- Nudelholz oder Teigrolle
- Spritztüte
- Formen für Torten, Muffins und Kastenkuchen, bevorzugt aus Silikon

Meine Fitness Sweets

Süßes Frühstück

Frische Früchte, Schokocreme und nussige Toppings: Ich liebe gesunde Leckereien am Morgen! Dabei muss mein Frühstück abwechslungsreich und ausgewogen sein, ganz einfach die Basis für Power und gute Laune. Ob Proteinwaffeln oder Smoothie-Bowls – diese Ideen werden dir den Start in den Tag versüßen.

Schoko-Erdnuss-Zoats (Zucchini-Porridge)

Für 2 Portionen

Zubereitungszeit: 5 Minuten
Pro Portion: 300 kcal • 13 g EW • 9 g F • 37 g KH

½ kleine Zucchini (ca. 150 g)
6 EL zarte Haferflocken
250 ml ungesüßter Mandeldrink
1 reife Banane
2 EL Kakaopulver, schwach entölt
2 TL Erdnussmus

Außerdem

4 EL gemischte Beeren
   (z. B. Erdbeeren und Heidelbeeren)
4 EL fettarmer griechischer Joghurt, alternativ
   eine Pflanzenmilch (z. B. Mandelmilch)

So geht's

1 Die Zucchini waschen und mit einer Küchenreibe fein raspeln. Zusammen mit Haferflocken und Mandeldrink in einen Topf geben und 2 Minuten bei geringer Hitze köcheln lassen. Ab und an umrühren und nach Bedarf noch etwas Wasser hinzufügen.

2 Die Banane schälen, in Scheiben schneiden, unterheben und weitere 2 Minuten köcheln lassen.

3 Zum Schluss Kakaopulver und Nussmus unter den Zucchini-Porridge rühren und die Schoko-Erdnuss-Zoats auf zwei Schalen aufteilen. Mit den gemischten Beeren und Joghurt toppen.

Mein Tipp

Mein neues Lieblingsfrühstück »Zoats« ist eine Kombination aus geraspelter Zucchini und Haferflocken (Oats). Die Extraportion Gemüse im Frühstück schmeckt man dank des geringen Eigengeschmacks der Zucchini nicht heraus und in Kombination mit Banane und Kakao wird es süß und schokoladig.

Süße Beeren-Smoothie-Bowl

Für 2 Portionen

Zubereitungszeit: 5 Minuten
Pro Portion: 447 kcal • 28 g EW • 14 g F • 40 g KH

250 g TK-Beeren (z. B. Himbeeren)
1 reife Banane
2 EL Süßlupinenmehl, alternativ Eiweißpulver
2 EL Chiasamen, alternativ Leinsamen
6 EL kernige Haferflocken
100 ml Mandeldrink, alternativ Milch
250 g Sojajoghurt, alternativ Naturjoghurt
(1,5 % Fett)

Außerdem
2 EL Kürbiskerne
einige Früchte zum Garnieren

So geht's

1. Beeren, Banane, Süßlupinenmehl sowie die Hälfte der Chiasamen und Haferflocken in den Standmixer geben.
2. Mandeldrink und Sojajoghurt hinzufügen und alles bis zur gewünschten Konsistenz auf höchster Stufe pürieren.
3. Den Smoothie auf zwei Schalen aufteilen und mit den restlichen Chiasamen, Haferflocken, Kürbiskernen und Früchten dekorieren.

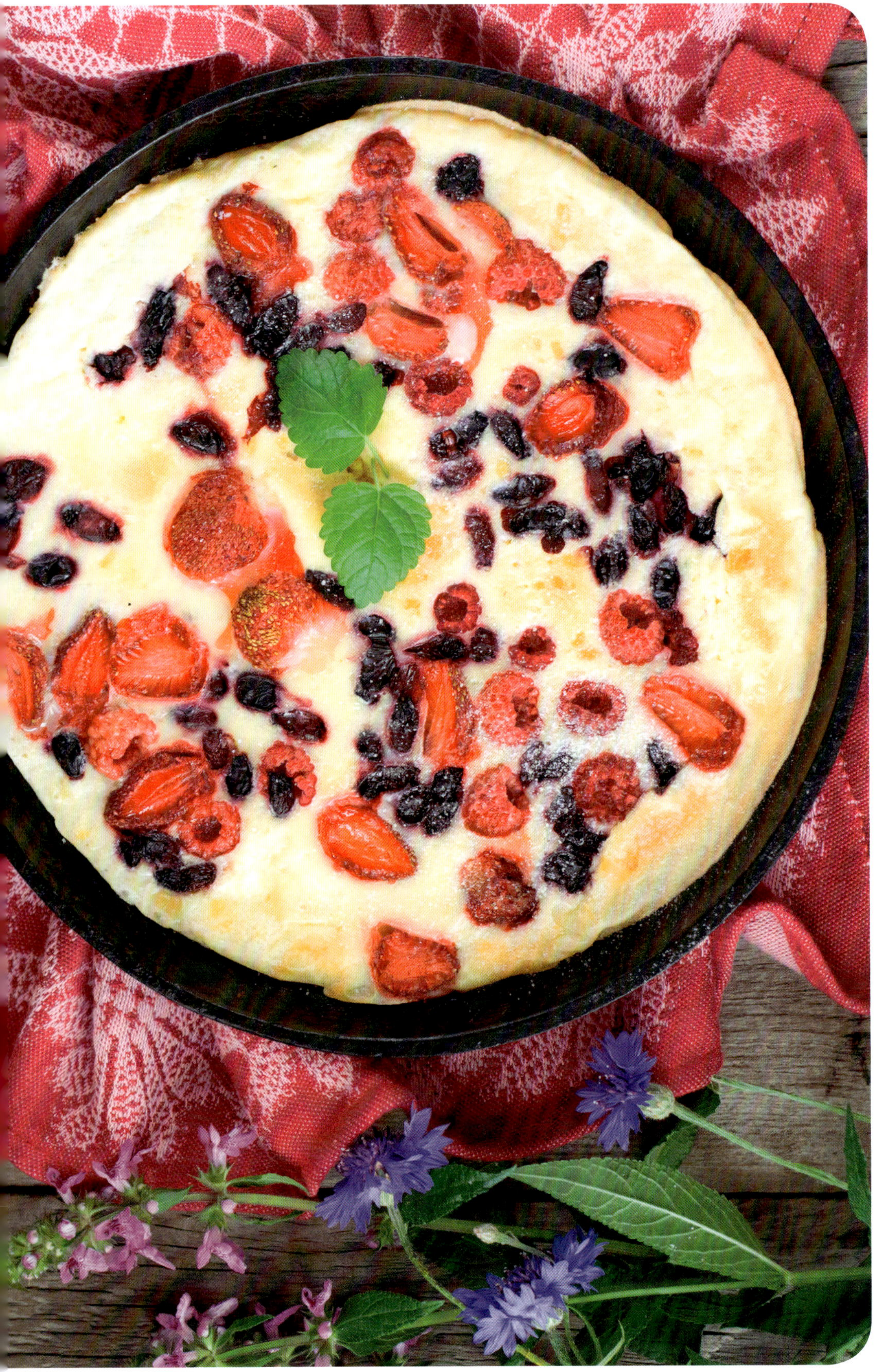

VEGETA-RISCH

GLUTEN-FREI

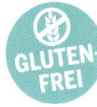

Süßes Beerenomelett

Für 2 Portionen

Zubereitungszeit: *10 Minuten*
Backzeit: *5–6 Minuten*
Pro Portion: *368 kcal • 31 g EW • 19 g F • 18 g KH*

4 Eier
1 Prise Salz
4 EL Kokosmehl, alternativ Mandelmehl
2 EL Kokosdrink, alternativ Mandeldrink
2 TL Kokosöl
50 g gemischte TK-Beeren

Für den Beerenquark
250 g Magerquark
1 TL Zitronensaft und etwas abgeriebene Biozitronenschale
150 g gemischte TK-Beeren
½ TL gemahlene Bourbonvanille

Außerdem
Birkenpuderzucker zum Garnieren (nach Belieben)
Minzeblätter zum Garnieren

So geht's

1. Die tiefgefrorenen Beeren in einem Sieb auftauen lassen.
2. Die Eier trennen und die Eiweiß mit 1 Prise Salz steif schlagen. Die Eigelbe mit Kokosmehl und Kokosdrink verrühren. Den Eischnee vorsichtig unter den Teig heben.
3. Das Kokosöl in einer beschichteten Pfanne erhitzen und die Teigmasse hineingeben. Mit einer Handvoll Beeren belegen und zugedeckt bei mittlerer Hitze 5–6 Minuten stocken lassen.
4. Für den Beerenquark die restlichen Früchte zusammen mit Quark, Zitronensaft und -schale sowie Vanille im Standmixer pürieren.
5. Das Omelett halbieren und auf zwei Teller verteilen. Zusammen mit dem Beerenquark anrichten, nach Belieben mit Birkenpuderzucker bestäuben und mit Minze garnieren.

Knusper-Joghurt-Cups

Für 8 Stücke

Zubereitungszeit: *20 Minuten*
Backzeit: *12–15 Minuten*
Pro Stück: *178 kcal • 10 g EW • 7 g F • 16 g KH*

140 g 3-Korn-Flocken
  (z. B. Hafer-, Dinkel- und Hirseflocken)
25 g Sonnenblumenkerne
50 g gehackte Mandeln
30 g Eiweißpulver, Vanillegeschmack
20 g Kokosöl
2 EL Ahornsirup oder Honig
¼ TL Zimtpulver
1 Prise Salz

Für das Topping
250 g fettarmer griechischer Joghurt
½ TL gemahlene Bourbonvanille
50 g gemischte Beeren

Außerdem
(Silikon-)Muffinförmchen

So geht's

1. Den Backofen auf 170 °C Ober-/Unterhitze (150 °C Umluft) vorheizen. Die Muffinförmchen auf ein Backblech stellen. Alternativ kannst du auch kleine Kuchen- oder Tarteformen nehmen.
2. Flocken, Sonnenblumenkerne, gehackte Mandeln und Eiweißpulver in einer Schüssel mischen. Das Kokosöl in einem Topf erwärmen, bis es flüssig ist. Ahornsirup, Zimt, Salz sowie den Flocken-Mandel-Mix hinzufügen und alles gut miteinander vermischen. Je 3 EL Teig in den Formen verteilen, dabei auch am Rand andrücken. Die Böden 12–15 Minuten im vorgeheizten Ofen backen, dann auskühlen lassen.
3. Für das Topping Joghurt und Vanille glatt rühren. Die frischen Beeren waschen und abtropfen lassen.
4. Die gebackenen Böden in den Muffinförmchen mit der Joghurtcreme befüllen und mit den Beeren garnieren.

Zimt-Bananen-Pancakes

Für 2 Portionen (6 Stücke)
Zubereitungszeit: 10 Minuten
Pro Portion: 314 kcal • 15 g EW • 17 g F • 22 g KH

2 reife Bananen
4 Eier
2 Msp. Weinsteinbackpulver
½ TL Zimtpulver
2 TL Chiasamen (nach Belieben)

Außerdem
2 TL Pflanzenöl (z. B. Rapsöl)

So geht's
1. Die Bananen schälen und mit einer Gabel zerdrücken.
2. Die Eier in einer Schüssel aufschlagen und mit der Gabel verquirlen. Zerdrückte Bananen, Backpulver, Zimt und nach Belieben Chiasamen zu den Eiern geben und miteinander mischen.
3. Eine beschichtete Pfanne erhitzen, etwas Öl in die Pfanne geben und den Teig portionsweise bei mittlerer Hitze ausbacken. Wenn der Teig von unten goldbraun ist, einmal wenden.

Mein Tipp
Zu den Pancakes esse ich am liebsten körnigen Frischkäse mit gemischten Beeren.

Schoko-Pancakes mit Himbeercreme

Für 2 Portionen (10 Stücke)

Zubereitungszeit: 15 Minuten
Pro Portion: 342 kcal • 27 g EW • 15 g F • 24 g KH

4 Eiweiß
1 Prise Salz
2 Eier
40 g Mandelmehl, alternativ anderes Mehl
    (z. B. Dinkelvollkornmehl) oder gemahlene Mandeln
1–2 TL Kakaopulver, schwach entölt
4 EL zarte Haferflocken
100 ml Mandeldrink, alternativ Milch

Für die Himbeercreme

100 g Himbeeren
1 TL Ahornsirup
1 TL gemahlene Bourbonvanille
200 g Skyr, alternativ Magerquark

Außerdem

1 EL Kokosöl oder Rapsöl

So geht's

1. Die Eiweiß mit 1 Prise Salz steif schlagen und beiseitestellen. Eier, Mandelmehl, Kakaopulver, Haferflocken und Mandeldrink zu einem glatten Teig verrühren. Den Eischnee unterheben.
2. Das Öl in einer beschichteten Pfanne erhitzen und den Teig portionsweise zu Pancakes ausbacken.
3. Für die Himbeercreme die Himbeeren mit Ahornsirup und Vanille pürieren und unter den Skyr rühren. Pancakes und Himbeercreme auf Tellern anrichten.

Statt Himbeercreme kannst du auch frische Erdbeeren, Heidelbeeren oder tiefgefrorene Früchte unter den Quark rühren.

Quinoa-Quark-Auflauf mit Heidelbeeren

Für 2 Portionen

Zubereitungszeit: 15 Minuten
Backzeit: 25–30 Minuten
Pro Portion: 420 kcal • 37 g EW • 9 g F • 45 g KH

100 g Quinoa, ungekocht
250 g Magerquark
1 TL gemahlene Bourbonvanille
2 Eier
1–2 EL Mandeldrink, alternativ Kokosdrink
120 g TK-Heidelbeeren

Außerdem
Birkenzucker (Xylit), Agavendicksaft oder Honig zum Süßen

So geht's

1 300 ml Wasser in einem kleinen Topf erhitzen. Die Quinoa in ein feines Sieb geben und mit heißem Wasser abspülen. Anschließend in den Topf geben und 10–15 Minuten bei geringer Hitze köcheln lassen. In der Zwischenzeit den Backofen auf 200 °C Ober-/Unterhitze (180 °C Umluft) vorheizen.

2 Quark, Vanille, Eier und Mandeldrink in einer Schüssel gleichmäßig verrühren. Die Hälfte der Heidelbeeren unter den Teig heben. Die Quinoa abgießen, unter die Quarkmasse rühren und mit Birkenzucker süßen. Alles in eine ofenfeste Form füllen, mit den restlichen Früchten belegen und 25–30 Minuten im vorgeheizten Ofen backen. Den Quinoa-Quark-Auflauf lauwarm oder kalt genießen.

Du kannst auch Kirschen, Pflaumen, Himbeeren oder Aprikosen in die Quarkmasse geben.

Quark-Eierkuchen mit Apfelraspel

Für 2 Portionen (8 Stücke)

Zubereitungszeit: 10–15 Minuten
Pro Portion: 473 kcal • 28 g EW • 14 g F • 57 g KH

90 g zarte Haferflocken
1 TL Weinsteinbackpulver
300 g Magerquark, alternativ Skyr
8 EL Mandeldrink, alternativ Milch
1 reife Banane
2 Eier
½ TL Zimtpulver
100 g Apfel, geraspelt

Außerdem
2 TL Pflanzenöl
1 TL Honig, alternativ Agavendicksaft
Obst oder Apfelmus zum Servieren

So geht's

1 Alle Zutaten, bis auf den Apfel, nacheinander mit dem Handrührgerät oder im Standmixer zu einem glatten Teig verarbeiten. Zum Schluss die Apfelraspel unter den Teig rühren.

2 Etwas Pflanzenöl in einer Pfanne erhitzen und je Pfannkuchen 2 EL Teig hineingeben. Die Pancakes bei mittlerer Hitze 1–2 Minuten pro Seite backen. Wenn die Ränder leicht braun werden und der Teig Blasen wirft, einmal wenden. Die Pancakes auf zwei Teller verteilen, mit etwas Honig beträufeln und nach Geschmack mit Obst oder Apfelmus servieren.

Frühstücksmuffins mit Johannisbeeren

Für 7 Stücke

Zubereitungszeit: 20 Minuten
Backzeit: 25–30 Minuten
Pro Muffin: 111 kcal • 5 g EW • 2 g F • 17 g KH

140 g zarte Haferflocken
110 g gemischte TK-Johannisbeeren
1 Ei
1 Prise Salz
2 EL Ahornsirup
125 g Skyr, alternativ fettarmer griechischer Joghurt oder Naturjoghurt (1,5 % Fett)
1 TL Weinsteinbackpulver
¼ TL gemahlene Bourbonvanille
1 EL Mandeldrink, alternativ Milch

Außerdem
Muffinblech oder (Silikon-)Muffinförmchen
Papierförmchen oder Fett (z. B. Kokosöl) für die Form

Die leckeren Frühstücksmuffins geben Power für einen guten Start in den Tag. Variiere deine leckeren Sattmacher mit anderen Beerenfrüchten, Rhabarber oder Früchten der Saison.

So geht's

1. Den Backofen auf 190 °C Ober-/Unterhitze (170 °C Umluft) vorheizen. Ein Muffinblech mit Papierförmchen auslegen oder einfetten oder Silikon-Muffinförmchen bereitstellen.
2. Die Haferflocken in einer Pfanne ohne Fett anrösten, bis sie leicht braun werden und duften. Im Anschluss die Haferflocken in den Standmixer geben und zu Hafermehl verarbeiten.
3. Die gemischten Johannisbeeren in einem Sieb antauen lassen.
4. Das Ei mit 1 Prise Salz, Ahornsirup und Skyr mit dem Handrührgerät verquirlen. Haferflockenmehl, Backpulver und Vanille mischen und mit den flüssigen Zutaten zu einem glatten Teig verarbeiten. Ist der Teig zu fest, etwas Mandeldrink hinzufügen.
5. Die Muffinförmchen zur Hälfte mit dem Teig befüllen und die Hälfte der Johannisbeeren darauf verteilen. Den restlichen Teig auf die Formen aufteilen und mit den übrigen Beeren toppen, dabei leicht in den Teig drücken.
6. Die Muffins 25–30 Minuten im vorgeheizten Ofen backen. Anschließend auf einem Kuchengitter abkühlen lassen.

Meine Fitness Sweets

Express-Granola aus der Pfanne

Für 2 Portionen

Zubereitungszeit: 5 Minuten
Pro Portion: 390 kcal • 13 g EW • 25 g F • 25 g KH

60 g kernige Haferflocken
20 g ganze Mandeln
20 g gemischte Kerne
    (z. B. Cashew- und Sonnenblumenkerne)
20 g gehackte Pistazien
1 TL Kokosöl
2 TL Kakaopulver, schwach entölt
20 g getrocknete Cranberrys
1 EL Kakaonibs

So geht's

1. Eine beschichtete Pfanne erhitzen und Haferflocken, Mandeln, gemischte Kerne sowie Pistazien ca. 3 Minuten bei mittlerer Hitze darin anrösten.
2. Kokosöl und Kakaopulver in die Pfanne geben und alles gut vermengen, dann 1 weitere Minute rösten. Dabei ununterbrochen rühren, damit nichts anbrennt. Die getrockneten Cranberrys mit einem Messer klein schneiden und mit den Kakaonibs unterrühren.
3. Das Granola auf einem mit Backpapier ausgelegten Backblech verteilen und abkühlen lassen. Das Granola entweder sofort verzehren oder in ein gut verschließbares Glas füllen. Das Müsli hält sich luftdicht verschlossen bis zu 2 Wochen.

Mein Tipp

Stelle dir dein Granola ganz nach eigenem Geschmack zusammen. Ich esse meines am liebsten mit Quark oder fettarmem griechischen Joghurt.

Proteinwaffeln mit Erdbeertopping

Für 2 Portionen (4–5 Stücke)
Zubereitungszeit: 15–20 Minuten
Pro Portion: 468 kcal • 29 g EW • 12 g F • 59 g KH

2 Eier
50 ml Mineralwasser mit Kohlensäure
100 ml Mandeldrink, alternativ Milch
125 g Magerquark
50 g zarte Haferflocken
85 g Buchweizenmehl, alternativ Dinkelvollkornmehl
½ Pck. Weinsteinbackpulver

Für die Creme
100 g leichter Frischkäse (20 % Fett i. Tr.)
100 g Naturjoghurt (1,5 % Fett)
1 TL gemahlene Bourbonvanille
1–2 EL Birkenzucker (Xylit)

Außerdem
Kokosöl für das Waffeleisen
100 g Erdbeeren
Minzeblätter zum Garnieren
Birkenpuderzucker zum Garnieren (nach Belieben)

So geht's

1. Die Eier mit Mineralwasser und Mandeldrink in einer großen Schüssel verquirlen. Den Magerquark hinzufügen und glatt rühren. Haferflocken, Mehl und Backpulver mischen und zur Quarkmasse geben. Alles zu einem glatten Teig verrühren.

2. Das Waffeleisen erhitzen und mit wenig Kokosöl einpinseln. Den Teig portionsweise im Waffeleisen ausbacken. Das Waffeleisen dazwischen immer wieder mit etwas Öl nachfetten.

3. Für die Creme Frischkäse und Joghurt verrühren. Die Vanille hinzufügen und mit Birkenzucker süßen. Die Erdbeeren waschen, vom Grün befreien und in Scheiben schneiden.

4. Die Waffeln auf einen Teller geben und mit Creme und Erdbeerscheiben schichten. Mit einigen Erdbeerscheiben abschließen, mit Minzeblättern garnieren und nach Belieben mit Birkenpuderzucker bestäuben.

Statt Erdbeeren schmecken auch Heidelbeeren, gemischte Beeren oder Äpfel in der Creme.

Apfel-Chia-Waffeln

Für 2 Portionen

Zubereitungszeit: 10–15 Minuten
Pro Stück: 256 kcal • 13 g EW • 9 g F • 29 g KH

1 Ei
2 Eiweiß
80 g zarte Haferflocken
1 TL Weinsteinbackpulver
½ TL Zimtpulver
1 TL Chiasamen
100 g ungesüßtes Apfelmus

Außerdem
1 TL Rapsöl für das Waffeleisen

So geht's

1 Das Waffeleisen erhitzen.
2 Ei, Eiweiß, Haferflocken, Backpulver, Zimt und Chiasamen in den Standmixer geben. 1 EL Apfelmus hinzufügen und alles auf hoher Stufe pürieren.
3 Das Waffeleisen mit etwas Öl einpinseln und die Hälfte des Teiges einfüllen. Die Waffel ausbacken und mit dem restlichen Teig ebenso verfahren.
4 Die Waffeln auf zwei Tellern verteilen und mit dem restlichen Apfelmus servieren.

VEGETA-RISCH

Apfel-Zimt-Brot

Für 1 Kastenform (10 Stücke)

Zubereitungszeit: 15 Minuten
Backzeit: 30–40 Minuten
Pro Stück: 111 kcal • 8 g EW • 3 g F • 11 g KH

75 g Mandelmehl, alternativ gemahlene Mandeln
75 g zarte Haferflocken
2 EL neutrales Eiweißpulver (z. B. Shape Republic Backprotein), alternativ Mandelmehl
½ Pck. Weinsteinbackpulver
1 TL Zimtpulver
½ Banane
2–3 Eier
200 g Magerquark
100 g ungesüßtes Apfelmus

Außerdem
1 Kastenform (ca. 25 cm Länge)
1 kleiner Apfel

So geht's

1 Den Backofen auf 170 °C Ober-/Unterhitze (150 °C Umluft) vorheizen. Die Kastenform mit Backpapier auskleiden.

2 Mandelmehl, Haferflocken, Eiweißpulver, Backpulver und Zimt in einer Schüssel mischen.

3 Die Banane zerdrücken und mit Eiern, Quark und Apfelmus cremig rühren. Die Mandel-Haferflocken-Mischung dazugeben und alles zu einem glatten Teig verrühren.

4 Den Teig in die Kastenform füllen und glatt streichen. Den Apfel waschen, halbieren entkernen und nach Belieben schälen. Den Apfel anschließend in dünne Spalten schneiden und den Teig damit belegen.

5 Den Kuchen 30–40 Minuten im vorgeheizten Ofen backen und anschließend auskühlen lassen.

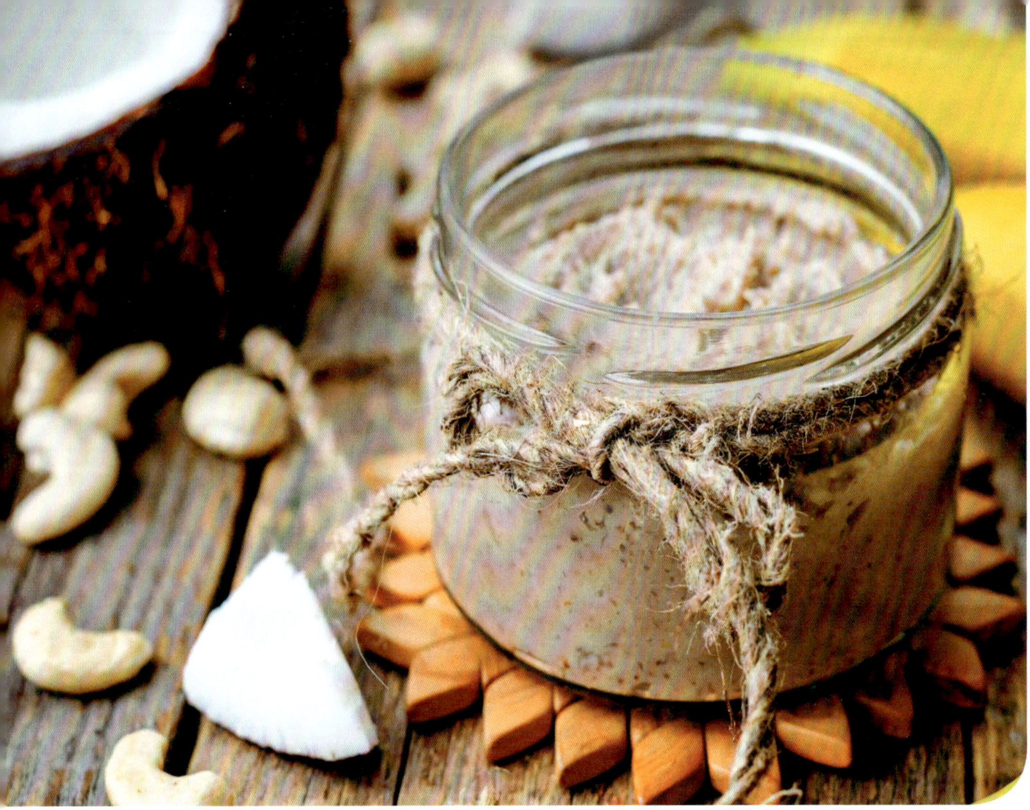

Cashew-Kokos-Aufstrich

Für 1 Glas (ca. 250 g)
Zubereitungszeit: *10 Minuten*
Backzeit: *15–20 Minuten*
Pro Portion (15 g): 80 kcal • 2 g EW • 8 g F • 4 g KH

150 g Cashewkerne
50 g Kokosraspeln
50 g Banane
¼ TL gemahlene Bourbonvanille
1–2 EL Kokosöl

So geht's

1 Den Backofen auf 150 °C Ober-/Unterhitze (Umluft 130 °C) vorheizen und ein Backblech mit Backpapier auslegen. Die Cashewkerne auf dem Backblech verteilen und 15–20 Minuten im Ofen rösten. Die Kerne vollständig abkühlen lassen.

2 Die gerösteten Cashewkerne in einen Standmixer oder eine Küchenmaschine geben und so lange pürieren, bis ein feines Mus entstanden ist. Dazu die Masse immer wieder mit einem Löffel auflockern und weiterpürieren. Dann Kokosraspeln sowie Banane und Vanille zugeben und weiterpürieren, bis eine homogene Masse entstanden ist. Für mehr Cremigkeit zusätzlich Kokosöl hinzufügen. Darauf achten, dass die Masse nicht zu heiß wird, und zwischendurch kleine Pausen einlegen.

3 Den Cashew-Kokos-Aufstrich in ein sauberes Glas füllen, fest verschließen und bei Raumtemperatur aufbewahren. Der Aufstrich ist etwa 1 Woche haltbar.

Chia-Fruchtaufstrich

Für 5 Portionen (ca. 280 ml)
Zubereitungszeit: 15 Minuten
Kühlzeit: 2 Stunden
Pro Portion: 48 kcal • 1 g EW • 1 g F • 5 g KH

100 g Kiwibeeren, alternativ gelbe Kiwi
150 g reife Erdbeeren, alternativ TK
1 TL Zitronensaft, frisch gepresst
1 TL Lucumapulver, nach Belieben
2 EL Chiasamen

So geht's

1. Die Kiwibeeren schälen, klein schneiden und mit einem Pürierstab oder im Mixer zerkleinern. Die Erdbeeren waschen, vom Grün befreien und in kleine Würfel schneiden.
2. Die Früchte in einem Topf erhitzen und 3 Minuten bei mittlerer Hitze köcheln lassen. Den Zitronensaft dazugeben und den Topf vom Herd nehmen. Die Chiasamen und nach Belieben das Lucumapulver unterrühren.
3. Den Fruchtaufstrich in ein sauberes Glas füllen. Fest verschließen und mindestens 2 Stunden oder über Nacht im Kühlschrank quellen lassen. Der Aufstrich hält sich gut verschlossen bis zu 4 Tage im Kühlschrank.

Kuchen und Torten

Gesund und zugleich köstlich backen? Das klingt nach einem Widerspruch. Doch Zucker und Mehl lassen sich ganz easy ersetzen, ohne dass der Genuss dabei auf der Strecke bleibt. Ich verspreche dir: Mit diesen leichten Rezepten wirst du zur Baking Queen und machst dabei noch eine gute Figur.

Pflaumen-Zimt-Kuchen

Für 1 Springform (12 Stücke)

Zubereitungszeit: 30 Minuten
Backzeit: 45–50 Minuten
Pro Stück: 161 kcal • 5 g EW • 9 g F • 15 g KH

750 g reife Pflaumen
100 g Dinkelvollkornmehl
100 g Mandelmehl
60 g gemahlene Mandeln
1 TL Chiasamen
2 EL Kokosblütenzucker
1 EL Lucumapulver (nach Belieben)
2 TL Weinsteinbackpulver
1 TL Zimtpulver
150 ml Mandeldrink, alternativ Milch
2 Eier
50 g Rapsöl oder Kokosöl

Außerdem
1 Springform (ca. 24 cm ø)
Kokosöl für die Form

So geht's

1. Den Backofen auf 160 °C Ober-/Unterhitze (140 °C Umluft) vorheizen. Die Springform mit etwas Kokosöl einfetten oder mit Backpapier auslegen. Die Pflaumen waschen, halbieren und entsteinen.
2. Dinkel- und Mandelmehl, gemahlene Mandeln, Chiasamen, Kokosblütenzucker, nach Belieben Lucumapulver, Backpulver und Zimt in einer Schüssel mischen.
3. In einer zweiten Schüssel Mandeldrink, Eier und Öl verquirlen. Die trockenen Zutaten esslöffelweise mit den flüssigen Zutaten verrühren.
4. Den Teig in die Form füllen, glatt streichen und mit den Pflaumen belegen. Nach Belieben mit etwas Zimt und Kokosblütenzucker bestreuen und 45–50 Minuten im Ofen backen und anschließend in der Form abkühlen lassen.

Meine Fitness Sweets

Zucchinikuchen mit Zitrone

Für 1 Kastenform (10 Stücke)

Zubereitungszeit: 20 Minuten
Backzeit: 40 Minuten
Pro Stück: 157 kcal • 8 g EW • 12 g F • 5 g KH

350 g Zucchini
4 Eier
1 EL Honig
50 g Mandelmehl, alternativ gemahlene Mandeln
150 g gemahlene Mandeln
1 TL Weinsteinbackpulver
Saft von 1 Zitrone
etwas abgeriebene Biozitronenschale
2 EL Mandelblättchen

Außerdem
1 Kastenform (10,5 x 30 cm)

So geht's

1. Den Backofen auf 180 °C Ober-/Unterhitze (160 °C Umluft) vorheizen und eine Kastenform mit Backpapier auslegen.
2. Die Zucchini waschen und fein raspeln. Eier und Honig in einer Schüssel schaumig schlagen. Mandelmehl, gemahlene Mandeln und Backpulver in einer Schüssel mischen und anschließend fein sieben. Zusammen mit Zitronensaft und abgeriebener Schale Zucchiniraspeln und Ei-Honig-Mischung zu einem glatten Teig verrühren.
3. Den Teig in die Kastenform füllen, gleichmäßig verteilen und mit den Mandelblättchen bestreuen. Den Kuchen 40 Minuten im vorgeheizten Ofen backen und anschließend in der Form abkühlen lassen.

Carrot Cake

Für 1 Springform (12 Stücke)

Zubereitungszeit: 25 Minuten
Backzeit: 40–45 Minuten
Pro Stück: 230 kcal • 9 g EW • 17 g F • 10 g KH

300 g Karotten
Saft von ½ Zitrone
4 Eier
1 Prise Salz
2 EL Kokosblütenzucker
40 g Birkenzucker
200 g gemahlene Mandeln
110 g gemahlene Haselnüsse
100 g Kokosmehl, alternativ Mandelmehl
2 TL Weinsteinbackpulver

Außerdem
1 Springform (ca. 24 cm ø)

So geht's

1. Den Backofen auf 190°C Ober-/Unterhitze (175 °C Umluft) vorheizen und den Boden der Springform mit Backpapier auslegen.
2. Die Karotten schälen, mit einer Reibe fein raspeln und den Zitronensaft darüberträufeln. Die Eier trennen, die Eiweiß mit dem Salz steif schlagen und beiseitestellen.
3. Die Eigelbe mit Kokosblüten- und Birkenzucker schaumig schlagen. Gemahlene Mandeln und Haselnüsse, Kokosmehl sowie Backpulver mischen und fein auf die Eigelbmasse sieben. Alles mit dem Handrührgerät zu einem Teig verrühren und die Karotten untermischen. Zum Schluss vorsichtig den Eischnee unterheben.
4. Den Teig in die Springform füllen und glatt streichen. Den Kuchen 40–45 Minuten im vorgeheizten Ofen backen und anschließend in der Form abkühlen lassen.

Kuchen und Torten

Meine Fitness Sweets

Heidelbeer-Protein-Schnitten

Für 1 eckige Backform (12 Stücke)

Zubereitungszeit: 15 Minuten
Backzeit: 40–55 Minuten
Pro Stück: 94 kcal • 9 g EW • 3 g F • 7 g KH

500 g Skyr, alternativ Magerquark
50 g Frischkäse (Doppelrahmstufe)
30 g Eiweißpulver, Vanillegeschmack, alternativ
    1 Pck. Puddingpulver oder 35 g Stärke
4 EL Kokosdrink
4 Eier
1 EL Zitronensaft, frisch gepresst
1 TL gemahlene Bourbonvanille
1 EL Birkenzucker (Xylit)

Für das Topping
300 g TK-Heidelbeeren
1 EL Birkenzucker (Xylit)

Außerdem
1 eckige Backform (28 cm x 18 cm)
125 g frische Heidelbeeren zum Garnieren
Minzeblätter zum Garnieren
Birkenpuderzucker zum Garnieren (nach Belieben)

So geht's

1. Den Backofen auf 180 °C Ober-/Unterhitze (160 °C Umluft) vorheizen. Den Boden der Backform mit Backpapier auslegen. Die frischen Heidelbeeren waschen und in einem Sieb abtropfen lassen. Tiefgefrorene Früchte in einem Sieb antauen lassen.

2. Skyr und Frischkäse in eine Schüssel geben und glatt rühren. Eiweißpulver, Kokosdrink und Eier hinzufügen und alles verrühren. Zitronensaft, gemahlene Bourbonvanille und Birkenzucker unterrühren.

3. Den Teig in die Backform füllen und 40–55 Minuten im vorgeheizten Ofen backen. Den Kuchen auskühlen lassen.

4. Für das Topping in der Zwischenzeit die tiefgefrorenen Heidelbeeren mit Birkenzucker in einem Topf aufkochen, die Hitze reduzieren und etwa 10 Minuten einkochen lassen. Vom Herd nehmen und vollständig auskühlen lassen.

5. Den Kuchen in Quadrate schneiden und das Blaubeerkompott darauf verteilen. Mit frischen Heidelbeeren und Minze garnieren und nach Belieben mit Birkenpuderzucker bestäuben.

No-Bake-Cheesecake

Für 1 Springform (12 Stücke)

Zubereitungszeit: 30 Minuten
Kühlzeit: 2 Stunden
Pro Stück: 172 kcal • 13 g EW • 10 g F • 6 g KH

Für den Boden

20 g Kokosöl, alternativ Rapsöl oder Mandelmus
80 g gemahlene Mandeln
40 g Mandelmehl
30 g Sonnenblumenkerne
40 g Kakaopulver, schwach entölt
1 TL Mandelmus
2 EL Ahornsirup, alternativ Reissirup

Für die Cheesecake-Masse

4 Blatt weiße Gelatine
350 g leichter Frischkäse (20 % Fett i. Tr.)
450 g Magerquark, alternativ Skyr
30 g Eiweißpulver, Vanillegeschmack, alternativ 1 Pck. Puddingpulver

Für die Schokoladensoße

2 TL Kakaopulver, schwach entölt
1 EL Mandeldrink, alternativ Milch
1 EL Ahornsirup

Außerdem

1 Springform (ca. 24 cm ø)
50 g frische Heidelbeeren zum Garnieren

So geht's

1. Für den Boden das Kokosöl vorsichtig erwärmen, bis es flüssig ist. Gemahlene Mandeln, Mandelmehl, Sonnenblumenkerne und Kakaopulver mischen. Öl, Mandelmus und Ahornsirup hinzufügen und alles auf hoher Stufe im Standmixer zu einer homogenen Masse verarbeiten. Den Boden der Springform mit Backpapier auslegen und die Masse daraufgeben, mit den Händen andrücken und die Springform in den Kühlschrank stellen.

2. Die frischen Heidelbeeren waschen und in einem Sieb abtropfen lassen.

3. Für die Cheesecake-Masse die Gelatineblätter 5 Minuten in kaltem Wasser einweichen. In der Zwischenzeit Frischkäse, Magerquark und Eiweißpulver in einer Schüssel verrühren. Für die Schokoladensoße Kakaopulver, Mandeldrink und Ahornsirup in einer kleinen Schüssel verrühren.

4. Die Gelatineblätter leicht ausdrücken und in einem kleinen Topf bei schwacher Hitze erwärmen, bis sich die Gelatine aufgelöst hat. Zügig 3 EL der Frischkäse-Quark-Creme einrühren und diese Mischung sofort unter die restliche Frischkäse-Quark-Creme rühren.

5. Den Boden aus dem Kühlschrank nehmen und die Hälfte der Creme auf dem Kuchen verteilen. 2 EL Schokoladensoße darübergeben und glatt streichen. Die restliche Cheesecake-Creme auf dem Kuchen verteilen. Den Cheesecake mit den frischen Heidelbeeren garnieren und 2 Stunden abgedeckt in den Kühlschrank stellen.

6. Kurz vor dem Verzehr die restliche Schokoladensoße über den Kuchen träufeln.

Sophias Pumpkin Pie

Für 1 kleinen Kuchen (6 Stücke)

Zubereitungszeit: 35 Minuten
Backzeit: 45–55 Minuten
Pro Stück: 105 kcal • 10 g EW • 2 g F • 10 g KH

400 g Hokkaido-Kürbis
2 Eier
4 Eiweiß
30 g neutrales Eiweißpulver
 (z. B. Shape Republic Backprotein)
2 EL Kokosmehl, alternativ Mandelmehl
¼ TL Zimtpulver
1 EL Kokosblütenzucker
30 g Rosinen
1–2 EL Pflanzendrink (optional)

Außerdem
1 (Silikon-)Backform (18 x 10 x 7 cm)

So geht's

1. Den Kürbis schälen, die Schale entfernen und das Fleisch in grobe Stücke schneiden. In einem Topf mit wenig Wasser erhitzen und weich kochen. Die Kürbisstücke anschließend abkühlen lassen.
2. In der Zwischenzeit den Backofen auf 140 °C Ober-/Unterhitze (Umluft nicht empfehlenswert) vorheizen. Eier, Eiweiß, Kürbisstücke, Eiweißpulver, Kokosmehl, Zimt und Kokosblütenzucker in einen Standmixer geben und alles zu einem glatten Teig verarbeiten. Sollte der Teig zu fest sein, etwas Pflanzendrink hinzufügen. Zum Schluss die Rosinen unter den Teig heben.
3. Den Teig in die Silikonbackform füllen und die Pie 45–55 Minuten im Ofen backen. In der Form abkühlen lassen.

Schokokuchen mit Kidneybohnen

Für 1 Springform (10 Stücke)
Zubereitungszeit: 25 Minuten
Backzeit: 40–45 Minuten
Pro Stück: 117 kcal • 13 g EW • 2 g F • 11 g KH

250 g Kidneybohnen (Dose)
80 g TK-Johannisbeeren, alternativ Sauerkirschen
450 g Magerquark
3 Eiweiß
2–3 EL Honig, alternativ Ahornsirup
40 g neutrales Eiweißpulver (z. B. Shape Republic Backprotein)
60 g Kakaopulver, schwach entölt
1½ TL Weinsteinbackpulver
5 EL Kokos- oder Mandelmehl
1 Espresso, alternativ 3 EL Mandeldrink

Außerdem
1 Springform (ca. 20 cm ø)

So geht's

1. Die Kidneybohnen in einem Sieb gründlich waschen und abtropfen lassen. Die Johannisbeeren in einem Sieb antauen lassen. Den Backofen auf 170 °C Ober-/Unterhitze (150 °C Umluft) vorheizen und den Boden der Springform mit Backpapier auslegen.
2. Die Kidneybohnen im Standmixer pürieren. Magerquark, Eiweiß und Honig in einer Schüssel mischen. Die pürierten Kidneybohnen sowie die restlichen Zutaten, bis auf die Johannisbeeren, hinzufügen und alles zu einem glatten Teig verrühren. Zum Schluss die Johannisbeeren unterheben und den Teig in die Springform füllen.
3. Den Kuchen 40–45 Minuten im vorgeheizten Ofen backen und anschließend in der Form abkühlen lassen.

Mein Tipp
Am besten schmeckt der Kuchen, wenn er für einige Stunden im Kühlschrank gut durchgezogen ist.

Erdbeer-Rhabarber-Streuselkuchen

Für 1 Springform (12 Stücke)

Zubereitungszeit: 35 Minuten
Kühlzeit: 1 Stunde
Backzeit: 25–30 Minuten
Pro Stück: 159 kcal • 5 g EW • 11 g F • 8 g KH

Für den Mürbeteig
100 g gemahlene Mandeln
50 g Mandelmehl, alternativ gemahlene Mandeln
20 g Kokosmehl, alternativ Mandelmehl oder Dinkelmehl
1 TL Weinsteinbackpulver
1 großes Ei
1 Prise Salz
20 g Kokosöl, alternativ Rapsöl
1 EL Mandeldrink (Menge nach Bedarf)

Für die Füllung
150 g frischer Rhabarber, alternativ TK
250 g frische Erdbeeren, alternativ TK
Saft von ½ Zitrone
3 EL Ahornsirup, alternativ Reissirup oder Agavendicksaft
2 EL Chiasamen
1 TL gemahlene Bourbonvanille

Für die Streusel
20 g Kokosöl
55 g 3-Korn-Flocken, alternativ Haferflocken
30 g gemahlene Mandeln
1 EL Ahornsirup, alternativ Reissirup oder Agavendicksaft
½ TL gemahlene Bourbonvanille

Außerdem
1 Springform (ca. 24 cm ø)
Kokosöl für die Form
Backerbsen zum Blindbacken

So geht's

1. Den Boden der Springform mit Backpapier auslegen und die Ränder mit etwas Kokosöl bestreichen.
2. Die Zutaten für den Mürbeteig in eine Schüssel geben und zunächst mit einer Gabel mischen. Sollte der Teig zu fest sein, 1 weiteren EL Pflanzendrink hinzufügen und alles mit den Händen verkneten. Den Teig zu einer Kugel formen und zwischen zwei Lagen Frischhaltefolie ausrollen. Auf dem Boden der Form verteilen und einen kleinen Rand von 1 cm Höhe einarbeiten. Mit einer Gabel mehrmals einstechen und anschließend 1 Stunde in den Kühlschrank stellen.
3. Für die Füllung in der Zwischenzeit Rhabarber und Erdbeeren putzen und in Stücke schneiden. Dann in einem Topf erhitzen, Zitronensaft und Ahornsirup zugeben und einmal aufkochen lassen. Die Früchte mit einem Stabmixer pürieren und den Herd ausschalten. Chiasamen und Vanille unterrühren und die Frucht-Chia-Masse abkühlen lassen.
4. In der Zwischenzeit den Backofen auf 160 °C Ober-/Unterhitze (140 °C Umluft) vorheizen. Für die Streusel das Kokosöl leicht erwärmen, bis es flüssig ist. Zusammen mit Flocken, Mandeln, Ahornsirup und Vanille mithilfe einer Gabel vermengen und zu einer krümeligen Masse verarbeiten.
5. Den Boden aus dem Kühlschrank nehmen, mit Backpapier belegen und 1 Handvoll Backerbsen darauf verteilen; 5 Minuten in den vorgeheizten Ofen schieben.
6. Den Boden aus dem Ofen nehmen, das Backpapier mit den Erbsen entfernen und die Frucht-Chia-Marmelade darauf verteilen. Die Streusel auf dem Kuchen verteilen und 25–30 Minuten im Ofen fertig backen. Herausnehmen und abkühlen lassen.

Mein Tipp

Am besten schmeckt der Kuchen am nächsten Tag, wenn er gut durchgezogen ist.

 Als Füllung kannst du auch Himbeeren, gemischte Johannisbeeren oder Apfelkompott verwenden.

Erdnuss-Bananen-Schnitten

Für 1 eckige Backform (8 Stücke)

Zubereitungszeit: 20 Minuten
Backzeit: 25 Minuten
Pro Stück: 173 kcal • 8 g EW • 6 g F • 21 g KH

150 g kernige Haferflocken
200 g reife Bananen
½ Pck. Weinsteinbackpulver (ca. 8 g)
1 Ei
150 g fettarmer griechischer Joghurt, alternativ Skyr oder Pflanzenmilch
50 g Erdnussmus
2 EL Ahornsirup, alternativ Honig
1 Prise Salz
20 g Cashewkerne

Außerdem
1 eckige Backform (28 x 18 cm)

So geht's

1. Den Backofen auf 200 °C Ober-/Unterhitze (Umluft 180 °C) vorheizen. Den Boden der Backform mit Backpapier auslegen.
2. Die Haferflocken in einer Pfanne ohne Fett leicht anrösten, bis sie duften. Anschließend etwas abkühlen lassen und in einen Standmixer geben. Auf hoher Stufe ein paar Sekunden zu grobem Hafermehl mahlen.
3. Die Bananen schälen und mit einer Gabel zu Mus zerdrücken.
4. Zusammen mit den restlichen Zutaten, bis auf die Cashewkerne, in einer Schüssel zu einem glatten Teig verrühren. Dann die Cashews mit einem Messer grob hacken und unter den Teig rühren.
5. Den Kuchen im vorgeheizten Ofen 25 Minuten backen. Auskühlen lassen und in längliche Stücke schneiden.

Ersetze das Ei durch ein Leinsamenei: Dazu 1 EL Leinsamen mit 2 EL lauwarmem Wasser verrühren und 10 Minuten quellen lassen. Mit den Haferflocken und restlichen Zutaten vermischen.

Meine Fitness Sweets

Strawberry-Cheesecake-Törtchen

Für 12 Stücke oder 1 kleinen Kuchen

Zubereitungszeit: 20 Minuten
Backzeit: 30 Minuten
Pro Stück: 93 kcal • 4 g EW • 4 g F • 8 g KH

Für die Böden
50 g Haferflocken
50 g Sonnenblumenkerne
2 EL Kakaopulver, schwach entölt
20 g Kokosöl, alternativ Mandelmus
1 EL Ahornsirup, alternativ Agavendicksaft

Für die Füllung
200 g Frischkäse (20 % Fett i. Tr.)
100 g Quark (20 % Fett i. Tr.)
1 Ei
1 TL gemahlene Bourbonvanille
1 EL Ahornsirup, alternativ Kokosblütensirup

Außerdem
1 Muffinblech, alternativ 1 kleine Springform (20 cm ø)
Papierförmchen
350 g Erdbeeren
1 EL Zitronensaft, frisch gepresst

So geht's

1 Den Backofen auf 140 °C Ober-/Unterhitze (120 °C Umluft) vorheizen und ein Muffinblech mit Papiermanschetten auslegen.

2 Für die Böden Haferflocken, Sonnenblumenkerne und Kakaopulver im Mixer zu Mehl verarbeiten. Das Kokosöl leicht erwärmen, bis es flüssig ist, und zusammen mit dem Ahornsirup hinzufügen. Gut verrühren und die Masse gleichmäßig auf alle Formen verteilen, dabei leicht andrücken. Die Böden 5 Minuten im vorgeheizten Ofen backen.

3 Für die Füllung in der Zwischenzeit Frischkäse und Quark cremig rühren. Ei, Vanille und Ahornsirup unterrühren. Die Frischkäsemasse auf den Böden verteilen und ca. 25 Minuten im Ofen backen. Die Törtchen aus dem Ofen nehmen und abkühlen lassen.

4 Die Erdbeeren waschen, vom Grün befreien und die Früchte mit dem Zitronensaft pürieren. Das Erdbeerpüree über die Törtchen geben.

VEGETA-RISCH

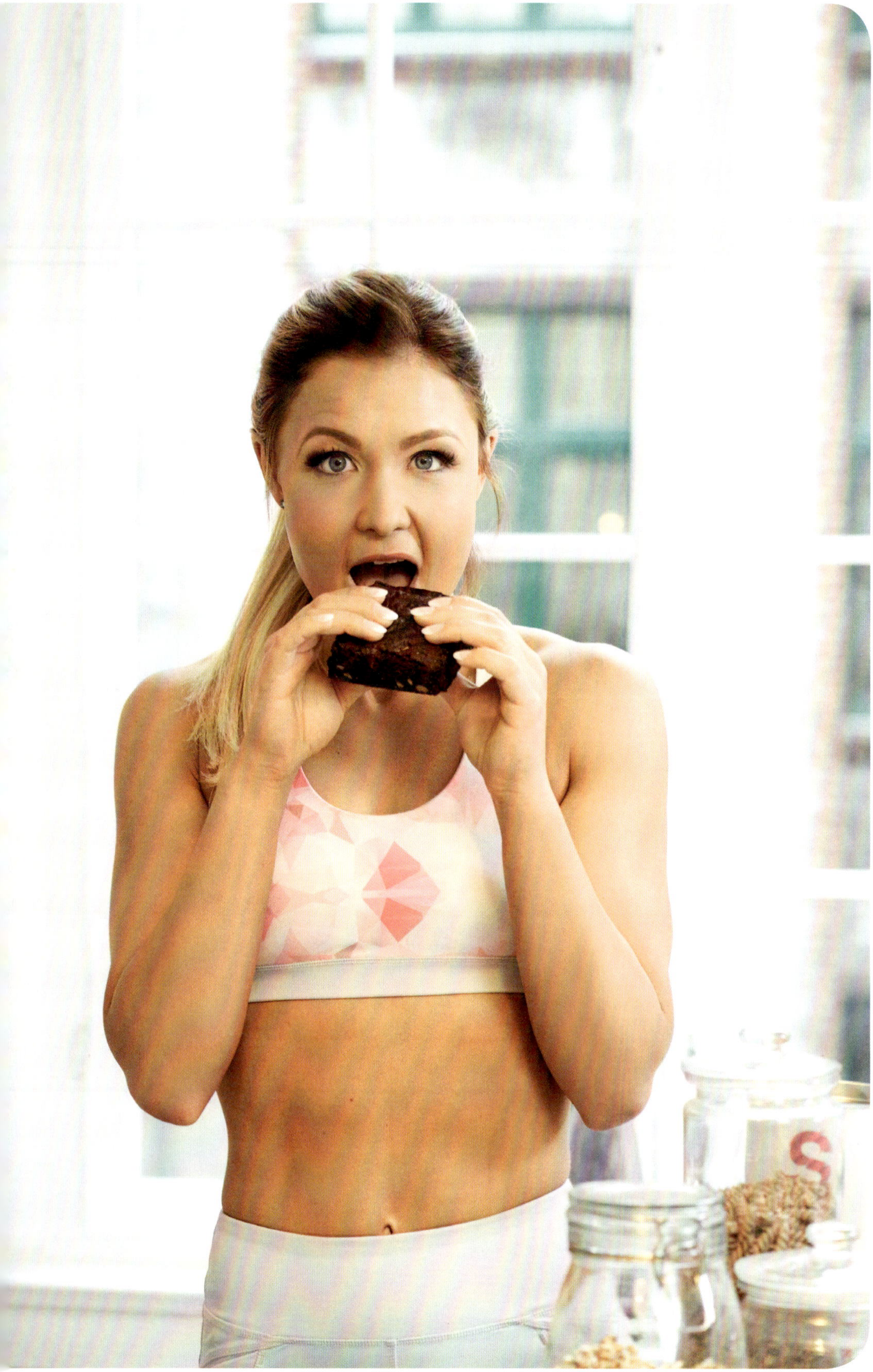

VEGETA-RISCH

GLUTEN-FREI

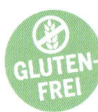

Süßkartoffel-Fudge-Brownie

Für 9 Stücke

Zubereitungszeit: 30 Minuten
Backzeit: 20–25 Minuten
Kühlzeit: 15 Minuten
Pro Stück: 200 kcal • 7 g EW • 6 g F • 27 g KH

50 g TK-Himbeeren
600 g Süßkartoffeln
80 g gemahlene Mandeln
80 g Buchweizenmehl, alternativ Mandel- oder Dinkelmehl
20 g Mandelmehl
1 EL neutrales Eiweißpulver (z. B. Shape Republic Backprotein), alternativ Süßlupinenmehl
4 EL Kakaopulver, schwach entölt
3–4 EL Ahornsirup
1 Prise Salz

Außerdem
1 quadratisches Kuchenblech (24 x 24 cm)

So geht's

1. Den Backofen auf 180 °C Ober-/Unterhitze (160 °C Umluft) vorheizen. Die Himbeeren in einem Sieb auftauen lassen. Ein rechteckiges Kuchenblech mit Backpapier auslegen.
2. Die Süßkartoffeln schälen, in kleine Würfel schneiden und 15–20 Minuten in Wasser weich kochen. Kurz abkühlen lassen und anschließend im Standmixer oder mit einem Pürierstab glatt arbeiten. Mandeln, Buchweizen- und Mandelmehl, Eiweißpulver und Kakaopulver mit dem Süßkartoffelpüree mischen. Ahornsirup und Salz zugeben und glatt rühren.
3. Die Himbeeren unter den Teig heben und in das Kuchenblech füllen. Die Brownies 20–25 Minuten im vorgeheizten Ofen backen. Sie sind fertig, wenn man mit einem Holzspieß hineinsticht und kein Teig daran haftet, wenn man ihn herauszieht.
4. Die Form aus dem Ofen nehmen und die Brownies 15 Minuten abkühlen lassen.

Sophias Biskuitrolle

Für 9 Stücke

Zubereitungszeit: *45 Minuten*
Backzeit: *9–10 Minuten*
Ruhezeit: *2 Stunden*
Pro Stück: *65 kcal • 7 g EW • 2 g F • 6 g KH*

Für den Biskuitteig

2 Eier
1 Prise Salz
1 EL Birkenzucker (Xylit), alternativ Kokosblütenzucker
100 ml Mandeldrink, alternativ Milch
30 g Mehrkomponenten-Eiweißpulver, Vanillegeschmack
1 TL Weinsteinbackpulver

Für die Füllung

150 g Erdbeeren
1 TL Zitronensaft, frisch gepresst
150 g Magerquark, alternativ Skyr oder pflanzlicher Quark
150 g Naturjoghurt (1,5 % Fett), alternativ pflanzlicher Joghurt
½ TL gemahlene Bourbonvanille
1 EL Agavendicksaft, alternativ Honig

Außerdem

5 frische Erdbeeren mit Grün

So geht's

1. Den Backofen auf 200 °C Ober-/Unterhitze (180 °C Umluft) vorheizen. Ein Backblech mit Backpapier auslegen.
2. Für den Biskuitteig die Eier trennen und die Eiweiß mit dem Salz steif schlagen. Die Eigelbe mit dem Birkenzucker schaumig schlagen. Die restlichen Zutaten hinzufügen und 2–3 Minuten mit dem Handrührgerät schaumig schlagen.
3. Den Eischnee mit einem großen Löffel oder Teigspatel unterheben und nur so lange rühren, bis der Großteil vermengt ist. Den Teig im Anschluss sofort rechteckig auf das Backblech streichen und auf mittlerer Schiene 9–10 Minuten im vorgeheizten Ofen backen. Den Biskuitteig im Auge behalten. Der Teig muss aus dem Ofen genommen werden, wenn er goldbraun ist und auf Druck leicht nachgibt. Den Biskuitteig bei Zimmertemperatur vollständig auskühlen lassen.
4. Für die Füllung die Erdbeeren waschen, vom Grün befreien und 100 g Erdbeeren in kleine Würfel schneiden. Die restlichen Erdbeeren mit dem Zitronensaft pürieren. Quark, Joghurt, Vanille und Agavendicksaft verrühren. Die gewürfelten Erdbeeren unterheben.
5. Ein Geschirrtuch auf der Arbeitsplatte ausbreiten. Den gebackenen Biskuitteig mit dem Backpapier auf das Küchentuch stürzen. Das Backpapier mit etwas kaltem Wasser bepinseln und langsam abziehen.
6. Den Biskuitteig mit dem Erdbeerpüree bestreichen, die Erdbeer-Quark-Mischung darauf verteilen, glatt streichen und anschließend von der Längsseite her vorsichtig zusammenrollen.
7. Die Erdbeeren mit Grün waschen, trocken tupfen und halbieren. Zur Dekoration auf die Biskuitrolle legen.

Fülle die Biskuitrolle ganz nach deinem Geschmack. Sehr gut schmecken auch Brombeeren oder Heidelbeeren. Für eine Schoko-Biskuitrolle gib 1 TL Kakaopulver und Schoko-Eiweißpulver in den Teig.

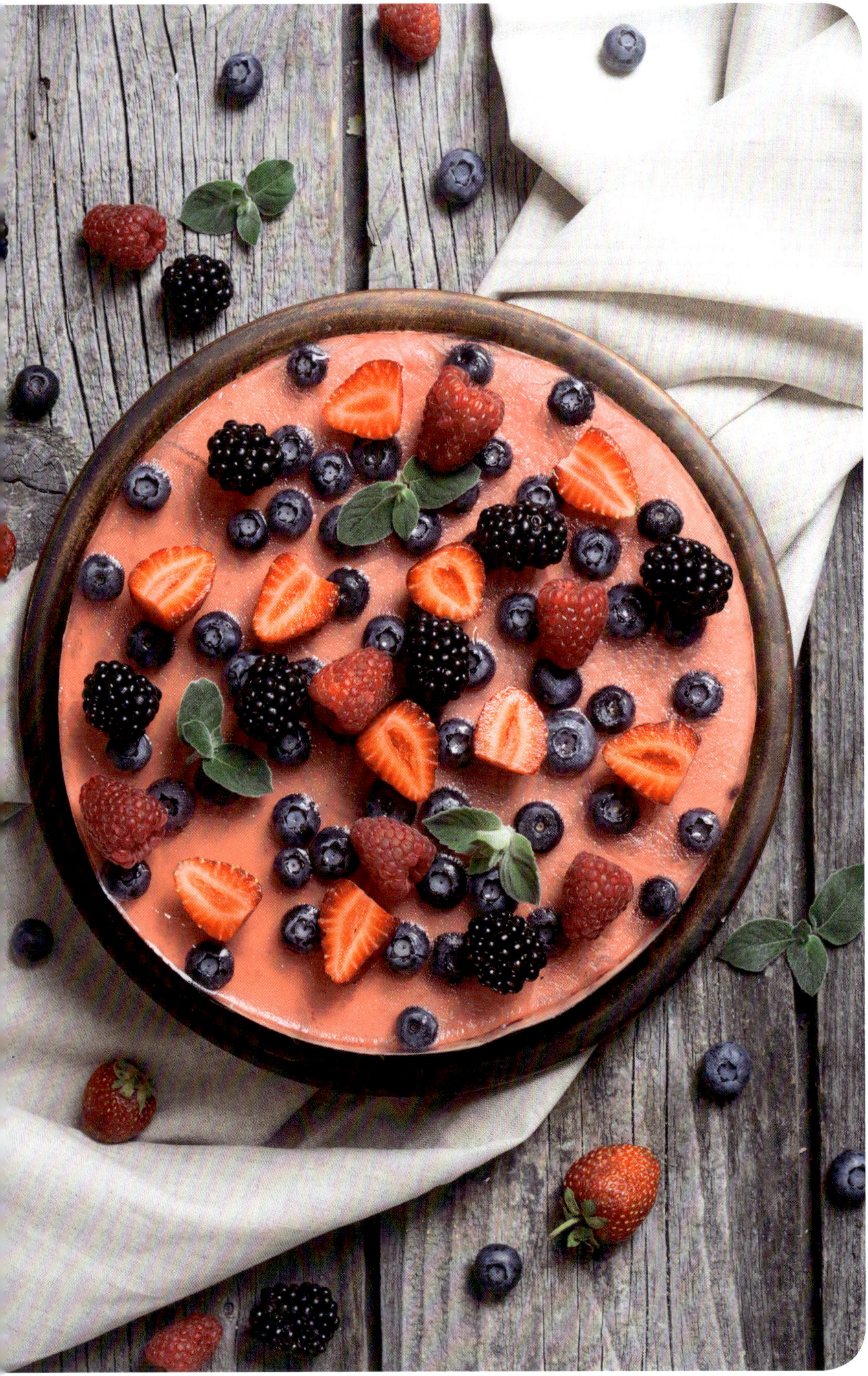

VEGETA-
RISCH

GLUTEN-
FREI

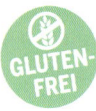

Joghurt-Beeren-Torte

Für 1 Springform (12 Stücke)

Zubereitungszeit: 45 Minuten
Backzeit: 25–30 Minuten
Kühlzeit: 3 Stunden
Pro Stück: 152 kcal • 9 g EW • 7 g F • 11 g KH

Für den Boden
3 Eier
30 g Birkenzucker (Xylit)
80 g gemahlene Mandeln
70 g Mandelmehl, alternativ gemahlene Mandeln
¼ TL gemahlene Bourbonvanille

Für die Joghurt-Beeren-Füllung
300 g frische Beerenmischung, alternativ TK
8 Blatt weiße Gelatine
600 g milder Naturjoghurt (3,5 % Fett)
200 g fettarmer griechischer Joghurt, alternativ Skyr
2–3 EL Ahornsirup, alternativ Honig
1 TL gemahlene Bourbonvanille

Außerdem
1 Springform (ca. 24 cm ø)
Kokosöl für die Form
Tortenring

So geht's

1. Den Backofen auf 150 °C Ober-/Unterhitze (130 °C Umluft) vorheizen. Den Boden der Springform mit Backpapier auslegen und die Ränder mit etwas Öl einpinseln.

2. Für den Boden Eier und Birkenzucker mit dem Handrührgerät 3 Minuten schaumig schlagen. Mandeln und Mandelmehl mischen und fein sieben, die Vanille zugeben. Langsam in die Ei-Zucker-Mischung rieseln lassen und alles zu einem glatten Teig verrühren. Den Teig in die Form füllen und glatt streichen. Den Boden 25–30 Minuten im vorgeheizten Ofen backen und anschließend auskühlen lassen.

3. Für die Joghurtfüllung die frischen Beeren waschen und 100 g zum Garnieren zurückbehalten. Die restlichen Beeren im Mixer pürieren. Tiefgefrorene Früchte in einem Sieb auftauen lassen und ebenfalls pürieren. Die Gelatineblätter 5 Minuten in kaltem Wasser einweichen.

4. Naturjoghurt, griechischen Joghurt, Ahornsirup und Vanille glatt rühren. Dann die pürierten Früchte untermengen.

5. Die Gelatineblätter leicht ausdrücken und in einem kleinen Topf bei geringer Hitze vorsichtig erwärmen, bis sie sich aufgelöst haben. Achtung: Die Gelatine darf nicht kochen! Den Topf vom Herd nehmen und zügig 3 EL der Joghurt-Beeren-Masse einrühren. Nun diese Mischung sofort unter die restliche Joghurt-Beeren-Masse rühren.

6. Den Boden auf eine Tortenplatte setzen und mit einem Tortenring umschließen. Die Joghurt-Beeren-Creme darauf verteilen und glatt streichen. Mit den restlichen Beeren belegen und mindestens 3 Stunden abgedeckt in den Kühlschrank stellen.

Apfeltorte mit Vanillequark

Für 1 Springform (12 Stücke)

Zubereitungszeit: 45 Minuten
Backzeit: 20–25 Minuten
Kühlzeit: 2 Stunden
Pro Stück: 135 kcal • 8 g EW • 6 g F • 12 g KH

Für den Boden
3 Eier
30 g Birkenzucker (Xylit)
1 Msp. gemahlene Bourbonvanille
30 g Mandelmehl, alternativ Kokos- oder Dinkelvollkornmehl
100 g gemahlene Mandeln
20 g Kartoffel- oder Speisestärke
1 TL Weinsteinbackpulver

Für die Apfelschicht
400 g Äpfel
Saft von ½ Zitrone
½ TL gemahlene Bourbon-Vanille, alternativ Zimtpulver
1 EL Kokosblütenzucker, alternativ Birkenzucker (Xylit)
1 Pck. Tortenguss, klar (12 g)

Für die Vanille-Quark-Schicht
2 Blatt weiße Gelatine
150 g Magerquark
150 Joghurt (1,5 % Fett)
30 g Eiweißpulver, Vanillegeschmack
½ TL gemahlene Bourbonvanille

Außerdem
1 Springform (ca. 24 cm ø)
Tortenring
Zimt- oder Kakaopulver zum Garnieren (nach Belieben)

So geht's

1. Den Backofen auf 160 °C Ober-/Unterhitze (140 °C Umluft) vorheizen und den Boden der Springform mit Backpapier auslegen.
2. Für den Boden die Eier mit Birkenzucker und Vanille 3–4 Minuten mit dem Handrührgerät schaumig schlagen. Mandelmehl, gemahlene Mandeln, Stärke und Backpulver mischen und fein sieben. Nach und nach in die Eimasse einrieseln lassen und alles zu einem glatten Teig verrühren. Den Teig in die Springform füllen und glatt streichen. Den Boden 20–25 Minuten im vorgeheizten Ofen backen und abkühlen lassen.
3. Für die Apfelschicht die Äpfel schälen, das Kerngehäuse entfernen und das Fruchtfleisch in Würfel schneiden. Zusammen mit 200 ml Wasser, Zitronensaft, Vanille und Kokosblütenzucker in einen kleinen Topf geben und bissfest dünsten. Die Äpfel anschließend in einem Sieb abtropfen lassen und den Saft für den Guss auffangen.
4. Den Tortenboden auf eine Tortenplatte legen und mit einem Tortenring umschließen. Die Apfelstücke gleichmäßig auf dem Boden verteilen. Den aufgefangenen Apfelsaft mit Wasser auf 250 ml Flüssigkeit auffüllen und mit dem Tortengusspulver nach Packungsanweisung kochen. Den Tortenguss esslöffelweise auf dem Kuchen verteilen.
5. Für die Vanille-Quark-Schicht die Gelatine 5 Minuten in kaltem Wasser einweichen. Quark, Joghurt, Eiweißpulver und Vanille glatt rühren.
6. Die Gelatineblätter leicht ausdrücken und in einem kleinen Topf bei geringer Hitze vorsichtig erwärmen, bis sie sich aufgelöst haben. Achtung: Die Gelatine darf nicht kochen! Den Topf vom Herd nehmen und zügig 2 EL der Vanille-Quark-Masse einrühren. Nun diese Mischung sofort unter die restliche Vanille-Quark-Masse rühren.
7. Auf den Äpfeln verteilen, glatt streichen und die Torte mindestens 2 Stunden kühl stellen. Nach Belieben mit Zimt- oder Kakaopulver bestäuben.

Himbeer-Mango-Torte

Für 1 Springform (12 Stücke)

Zubereitungszeit: 35 Minuten
Backzeit: 25–30 Minuten
Kühlzeit: 3 Stunden
Pro Stück: 175 kcal • 12 g EW • 8 g F • 14 g KH

Für den Biskuitboden

3 Eier
1 Prise Salz
50 g Birkenzucker (Xylit)
30 g Mandelmehl
120 g gemahlene Mandeln
20 g Kartoffel- oder Maisstärke
½ TL Weinsteinbackpulver
¼ TL gemahlene Bourbonvanille

Für die Füllung

250 g TK-Himbeeren
1 EL Ahornsirup, alternativ Honig
1 reife Mango (300 g)
8 Blatt weiße Gelatine
500 g Magerquark, alternativ Skyr
300 g Sojajoghurt, natur
30 g Eiweißpulver, Vanillegeschmack, alternativ 35 g Puddingpulver
1 TL gemahlene Bourbonvanille

Außerdem

1 Springform (ca. 24 cm ø)
Tortenring
Kokoschips zum Garnieren (nach Belieben)

So geht's

1. Den Backofen auf 180 °C Ober-/Unterhitze (160 °C Umluft) vorheizen. Den Boden einer Springform mit Backpapier auslegen. Für die Füllung die Himbeeren antauen lassen. Die Mango schälen, entsteinen und das Fruchtfleisch grob in Stücke schneiden. Einige Früchte zum Garnieren zurückbehalten.

2. Für den Biskuitboden die Eier trennen und die Eiweiß mit dem Salz steif schlagen. Den Birkenzucker langsam einrieseln lassen. Die Eigelbe nach und nach zum Eischnee geben und weitere 3–4 Minuten schaumig schlagen. Die Masse sollte schön fluffig sein. Dann Mandelmehl, gemahlene Mandeln, Stärke und Backpulver sowie Vanille mischen, auf die Eimasse sieben und mit einem Teigschaber unterheben.

3. Den Teig in die Springform füllen, glatt streichen und den Boden 20–25 Minuten im Ofen backen. Anschließend auf einem Rost vollständig abkühlen lassen.

4. Für die Füllung die Himbeeren mit dem Ahornsirup pürieren und durch ein Sieb streichen. Die Mango mit dem Pürierstab oder im Standmixer glatt arbeiten.

5. Den Biskuitboden mit einem scharfen Messer waagerecht durchschneiden und eine Bodenhälfte auf eine Tortenplatte legen und mit einem Tortenring umschließen.

6. Die Gelatine 5 Minuten im kalten Wasser einweichen. Quark, Joghurt, Eiweißpulver und Vanille verrühren. Die Gelatineblätter leicht ausdrücken und bei geringer Hitze erwärmen, bis sie sich vollständig aufgelöst haben. Den Topf vom Herd nehmen und zügig 3 EL der Quark-Joghurt-Masse einrühren. Nun diese Mischung sofort unter die restliche Quark-Joghurt-Masse rühren.

7. Diese Masse in zwei Portionen teilen, unter die eine Hälfte das Mangopüree rühren und unter die andere Hälfte das Himbeerpüree.

8. Den Tortenboden mit der Himbeer-Quark-Masse bestreichen. Den zweiten Boden auflegen und mit der Mango-Quark-Masse bestreichen.

9. Mit den restlichen Früchten garnieren und nach Belieben mit Kokoschips garnieren; mindestens 3 Stunden kühl stellen.

Himbeer-Quark-Torte

Für 1 Springform (10 Stücke)

Zubereitungszeit: 25 Minuten
Backzeit: 25–35 Minuten
Pro Stück: 91 kcal • 10 g EW • 3 g F • 6 g KH

150 g TK-Himbeeren, alternativ frische Früchte oder gemischte TK-Beeren
3 Eier
500 g Magerquark, alternativ Skyr oder pflanzlicher Quark
35 g Eiweißpulver, Vanillegeschmack, alternativ 40 g Stärke
1 EL Agavendicksaft, alternativ Honig oder Ahornsirup
4 EL Kokosdrink, alternativ Milch
2 EL Kokosraspeln
2 TL gemahlene Bourbonvanille
1 EL Kokosblütenzucker, alternativ Birkenzucker

Außerdem
1 Springform (ca. 20 cm ø)
frische Beeren und Minze zum Garnieren (nach Belieben)

So geht's

1. Den Backofen auf 200 °C Ober-/Unterhitze (180 °C Umluft) vorheizen. Den Boden der Springform mit Backpapier auslegen. Die Beeren antauen lassen.
2. Eier und Quark in einer Schüssel verquirlen. Die restlichen Zutaten, bis auf Beeren und Kokosblütenzucker, hinzufügen und alles zu einem glatten Teig verarbeiten. Die gemischten Beeren pürieren und nach Geschmack mit Kokosblütenzucker süßen.
3. Ein Drittel der Masse abnehmen und mit den pürierten Früchten verrühren.
4. Abwechselnd 3 EL der Kokos-Quark-Creme und 2 EL der Beerencreme aufeinander in die Mitte der Springform geben und nicht verrühren. So weitermachen, bis beide Quarkmassen verarbeitet sind. Die Torte 25–35 Minuten im vorgeheizten Ofen backen.
5. Nach Belieben mit frischen Beeren und Minze garnieren.

Kleine Köstlichkeiten

Wer kennt das nicht? Manchmal packt einen der Süßhunger. Doch statt dir den Glückskick zu verbieten, gilt bei meinen Sweets: Naschen erlaubt! Die kleinen Köstlichkeiten strotzen nur so vor guten Zutaten. Wetten, dass auch du deinen Snackfavoriten für süße Pausen findest?

Schokoladiger Tassenkuchen

Für 2 Tassen à 350 ml

Zubereitungszeit: 3 Minuten
Backzeit: 2 Minuten
Pro Tasse: 144 kcal • 5 g EW • 8 g F • 12 g KH

3 EL Kokos- oder Mandelmehl
1 ½ EL Kakaopulver, schwach entölt
½ TL Weinsteinbackpulver
1 Prise Salz
4 EL Mandeldrink
2 TL flüssiges Kokosöl, alternativ Rapsöl
2 TL Ahornsirup, alternativ Kokosblütenzucker

Außerdem
2 Tassen
Birkenpuderzucker zum Garnieren (nach Belieben)

So geht's

1. Alle Zutaten nacheinander in eine Rührschüssel geben und mit einer Gabel oder einem Schneebesen vermischen.
2. Den Teig auf die Tassen verteilen und die Kuchen nacheinander 1–2 Minuten bei 700 Watt in der Mikrowelle backen.
3. Herausnehmen, abkühlen lassen und mit Birkenpuderzucker bestäuben.

Mein Tipp

Am besten bereitest du die kleinen Tassenkuchen in handelsüblichen Porzellantassen zu. Tassen aus Metall gehören nicht in die Mikrowelle – auch bei Omas Sonntagsgeschirr ist Vorsicht geboten!

Zitronen-Kokos-Tassenkuchen

Für 2 Tassen à 350 ml

Zubereitungszeit: *3 Minuten*
Backzeit: *2 Minuten*
Pro Portion: *255 kcal • 21 g EW • 12 g F • 14 g KH*

2 Eier
2 TL Kokosblütenzucker
2 Prisen Salz
Saft und etwas abgeriebene Schale von 1 Biozitrone
2 EL Kokosmehl
2 EL Eiweißpulver, z. B. Vanillegeschmack
½ TL Weinsteinbackpulver
2 TL Kokosflocken

Außerdem
2 Tassen
Biozitronenschnitze zum Garnieren
Minzeblätter zum Garnieren

So geht's

1. Je 1 Ei, die Hälfte des Kokosblütenzuckers, des Zitronensafts und etwas abgeriebene Schale sowie 1 Prise Salz in den Tassen verquirlen.
2. Die restlichen Zutaten jeweils in den Tassen zur Hälfte verteilen und alles mit einer Gabel vermengen.
3. Die Kuchen nacheinander 2–2 ½ Minuten bei 700 Watt in der Mikrowelle backen.
4. Herausnehmen, abkühlen lassen und mit Zitronenschnitzen und Minzeblättern garnieren.

Mein Tipp

Wenn du keine Mikrowelle hast, kannst du die Tassenkuchen auch bei 180 °C Ober-/Unterhitze (160 °C Umluft) im Ofen backen. Fülle den Teig dazu in kleine ofenfeste Formen, z. B. Soufflé-Förmchen, und innerhalb von 10–15 Minuten ist die kleine Köstlichkeit servierbereit.

Heidelbeer-Protein-Muffins

Für 8 Stücke

Zubereitungszeit: 10 Minuten
Backzeit: 25–30 Minuten
Pro Stück: 96 kcal · 12 g EW · 2 g F · 7 g KH

300 g fettarmer griechischer Joghurt oder Skyr
2 Eier
50 g Kokosmehl, alternativ Mandelmehl
60 g neutrales Eiweißpulver (z. B. Shape Republic Backprotein)
2 EL Kokosblütenzucker
120 g Heidelbeeren
1–2 EL Kokosdrink (optional)

Außerdem
Muffinblech oder (Silikon-)Muffinförmchen
Papierförmchen

So geht's

1. Den Backofen auf 160 °C Ober-/Unterhitze (140 °C Umluft) vorheizen. Ein Muffinblech mit Papierförmchen auslegen oder Silikon-Muffinförmchen bereitstellen.
2. Griechischen Joghurt und Eier in einer Schüssel verrühren. Kokosmehl, Eiweißpulver und Kokosblütenzucker hinzufügen und alles zu einem glatten Teig vermischen. Sollte der Teig zu fest sein, etwas Kokosdrink hinzufügen. Die Heidelbeeren unter den Teig heben und in den Muffinförmchen verteilen.
3. Die Muffins 25–30 Minuten im vorgeheizten Ofen backen. Anschließend herausnehmen und in den Formen abkühlen lassen.

Mein Tipp
Du hast keine Muffinform zur Hand? Kein Problem! Du kannst auch handelsübliche Kaffeetassen oder kleine Auflaufformen benutzen.

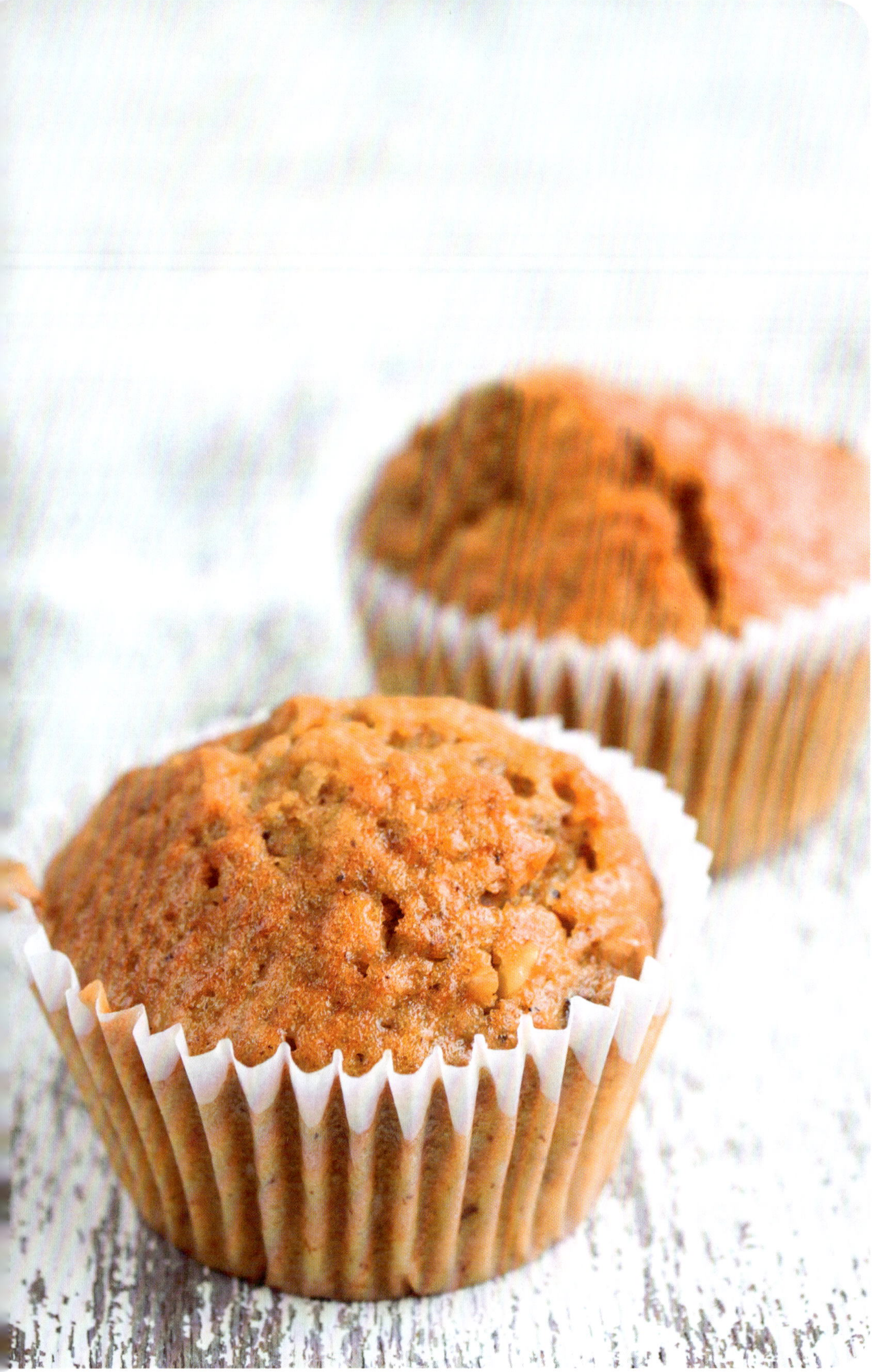

VEGETA-RISCH

GLUTEN-FREI

LAKTOSE-FREI

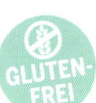

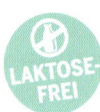

Karotten-Apfel-Muffins mit Zimt

Für 7 Stücke

Zubereitungszeit: 15–20 Minuten
Backzeit: 25–30 Minuten
Pro Stück: 231 kcal • 5 g EW • 20 g F • 8 g KH

100 g Karotten
½ kleiner Apfel
2 EL Orangensaft, frisch gepresst
2 Eier
1 Prise Salz
20 g Kokosblütenzucker
75 ml Rapsöl, alternativ Kokosöl
100 g gemahlene Mandeln
25 g Kartoffel- oder Maisstärke
1 TL Weinsteinbackpulver
½ TL gemahlene Bourbonvanille
½ TL Zimtpulver
¼ TL gemahlene Kurkuma

Außerdem

Muffinblech oder (Silikon-)Muffinförmchen
Papierförmchen

So geht's

1. Den Backofen auf 180 °C Ober-/Unterhitze (160 °C Umluft) vorheizen. Ein Muffinblech mit Papierförmchen auslegen oder Silikon-Muffinförmchen bereitstellen.
2. Die Karotten schälen, den Apfel waschen, entkernen und ebenfalls schälen. Beides fein raspeln und mit dem Orangensaft beträufeln.
3. Die Eier trennen und die Eiweiß mit 1 Prise Salz steif schlagen. Die Eigelbe mit dem Kokosblütenzucker schaumig schlagen und das Rapsöl unterrühren.
4. Gemahlene Mandeln, Stärke, Backpulver und Gewürze mischen und zur Eigelbmasse geben. Anschließend die Apfel- und Karottenraspel hinzufügen und zum Schluss den Eischnee mit einem großen Löffel oder einem Teigspatel unterheben. Den Teig in den Muffinformen verteilen.
5. Die Muffins 25–30 Minuten im vorgeheizten Ofen backen. Anschließend herausnehmen und auf einem Kuchengitter abkühlen lassen.

Mein Tipp

Geheimtipp für saftige und luftige Muffins: Immer die trockenen Zutaten zu den feuchten Zutaten geben und nur sehr kurz unterheben. Den Muffinteig zügig verarbeiten und nicht lange stehen lassen – so fällt er nicht wieder in sich zusammen.

Meine Fitness Sweets

Mangomuffins mit Erdbeeren

Für 7 Stücke

Zubereitungszeit: 20 Minuten
Backzeit: 25–30 Minuten
Pro Stück: 166 kcal • 6 g EW • 10 g F • 11 g KH

2 EL geschrotete Leinsamen
30 g Kokosöl, alternativ Rapsöl
100 g Mango, alternativ TK-Mango
30 g Erdbeeren, alternativ TK oder Beerenmischung
60 g gemahlene Mandeln
60 g Buchweizenmehl, alternativ Dinkelvollkornmehl
25 g Süßlupinenmehl
2 TL Agavendicksaft, alternativ Honig
1 ½ TL Weinsteinbackpulver
½ TL gemahlene Bourbonvanille
1 Prise Salz
160 ml ungesüßter Mandeldrink

Außerdem
Muffinblech oder (Silikon-)Muffinförmchen
Papierfömchen
Erdbeeren, Mangostreifen und Minzeblätter
　　zum Garnieren (nach Belieben)

So geht's

1 Den Backofen auf 180 °C Ober-/Unterhitze (160 °C Umluft) vorheizen. Ein Muffinblech mit Papierförmchen auslegen oder Silikon-Muffinförmchen bereitstellen.

2 Die Leinsamen mit 2 EL Wasser in einer kleinen Tasse mischen und 15 Minuten quellen lassen. Das Kokosöl leicht erwärmen, bis es flüssig ist.

3 Das Mangofruchtfleisch und die Erdbeeren in kleine Würfel schneiden.

4 Mandeln, beide Mehlsorten, Agavendicksaft, Backpulver, Vanille und Salz mischen. Leinsamen, Kokosöl und Mandeldrink hinzufügen und alles zu einem glatten Teig verrühren. Die Mango- und Erdbeerwürfel unterheben und den Teig in den Muffinformen verteilen.

5 Die Muffins 25–30 Minuten im vorgeheizten Ofen backen. Anschließend herausnehmen und auf einem Kuchengitter abkühlen lassen

6 Die Muffins nach Belieben mit Erdbeerhälften, Mangostreifen und Minzeblättern garnieren.

Mein Tipp

Ich verwende gern Muffinformen aus Silikon. Diese sind einfach zu reinigen und die Muffins lassen sich problemlos herauslösen. Ich empfehle, die Förmchen immer zuerst auf ein Backblech zu stellen und anschließend mit dem Teig zu befüllen, damit nichts danebengeht.

Marmor-Quark-Muffins

Für 7 Stücke

Zubereitungszeit: 15 Minuten
Backzeit: 25–30 Minuten
Pro Stück: 171 kcal • 12 g EW • 10 g F • 7 g KH

3 Eier
1 EL Agavendicksaft, alternativ Ahornsirup
300 g Sojaquark-Alternative, alternativ Magerquark
80 g gemahlene Mandeln
50 g Kokosmehl, alternativ Mandelmehl oder gemahlene Mandeln
1 TL gemahlene Bourbonvanille
1–2 EL Stevia-Streusüße (nach Belieben)
1 EL Kokosraspel
1 EL Kakaopulver, schwach entölt

Außerdem

Silikon-Muffinförmchen
Kokosraspeln zum Garnieren
Johannisbeeren zum Garnieren

So geht's

1. Den Backofen auf 160 °C Ober-/Unterhitze (140 °C Umluft) vorheizen. Die Silikonformen auf ein Backblech stellen.
2. Die Eier mit Agavendicksaft schaumig schlagen. Dann Sojaquark, gemahlene Mandeln, Kokosmehl und Vanille unterrühren. Nach Belieben noch Stevia-Streusüße hinzufügen. Etwa drei Viertel des Teiges abnehmen und mit den Kokosraspeln mischen. Unter den restlichen Teig das Kakaopulver rühren.
3. Den Vanille- und Schokoteig abwechselnd in die Muffinformen füllen und 25–30 Minuten im vorgeheizten Ofen backen.
4. Anschließend die Muffins herausnehmen, abkühlen lassen und mit Kokosraspeln und Johannisbeeren dekorieren.

Kleine Köstlichkeiten

Meine Fitness Sweets

Zimtschnecken

Für 13 Stücke

Zubereitungszeit: 45 Minuten
Kühlzeit: 2 Stunden
Backzeit: 15 Minuten
Pro Stück: 100 kcal • 5 g EW • 7 g F • 5 g KH

Für den Teig

125 g Mozzarella
1 großes Ei
50 g Kokosöl, alternativ Rapsöl oder Nussmus
2 EL Ahornsirup, alternativ Agavendicksaft
20 g Birkenzucker (Xylit)
60 g Mandelmehl
30 g Kokosmehl
½ Pck. Weinsteinbackpulver (ca. 8 g)

Für die Zimtcreme

60 g Skyr, alternativ Magerquark
1 EL Eiweißpulver, z. B. Zimtgeschmack
1 EL Mandeldrink, alternativ Wasser
   (Menge nach Bedarf)
Zimtpulver (nach Geschmack)

Für die Glasur

50 g Erythrit, gemahlen (Puderzuckerersatz
   aus Erythrit)
Zimtpulver (nach Geschmack)

So geht's

1. Den Mozzarella in grobe Stücke schneiden und zusammen mit Ei, Kokosöl, Ahornsirup und Birkenzucker in den Standmixer geben und auf hoher Stufe zu einer homogenen Masse pürieren.
2. Mandel- und Kokosmehl mit dem Backpulver in einer Schüssel mischen. Die Mozzarella-Kokos-Masse hinzufügen und alles zunächst mit einem Löffel verrühren und anschließend mit den Händen zu einem glatten Teig verkneten. Den Teig zu einer Kugel formen, in Frischhaltefolie einwickeln und 2 Stunden in den Kühlschrank geben.
3. Den Backofen auf 190 °C Ober-/Unterhitze (170 °C Umluft) vorheizen und ein Backblech mit Backpapier auslegen. Den Teig zwischen zwei Lagen Frischhaltefolie zu einem Rechteck ausrollen (ca. 1 cm Höhe).
4. Für die Zimtcreme den Skyr mit dem Eiweißpulver verrühren. Die Masse sollte cremig sein, nach Bedarf noch 1 EL Mandeldrink oder Wasser hinzufügen. Mit Zimt abschmecken und den Teig damit bestreichen. Den Teig dann vorsichtig von der langen Seite her aufrollen und in 2 cm dicke Scheiben schneiden. Die Schnecken auf das Backblech legen und 15 Minuten im vorgeheizten Ofen backen.
5. Die gebackenen Schnecken aus dem Ofen nehmen und abkühlen lassen. In der Zwischenzeit die Glasur vorbereiten: Dazu Puder-Erythrit und 20 ml Wasser in einem kleinen Topf erhitzen, bis sich alles aufgelöst hat. Die Glasur mit einem Pinsel oder einem Löffel auf den Schnecken verteilen und trocknen lassen.

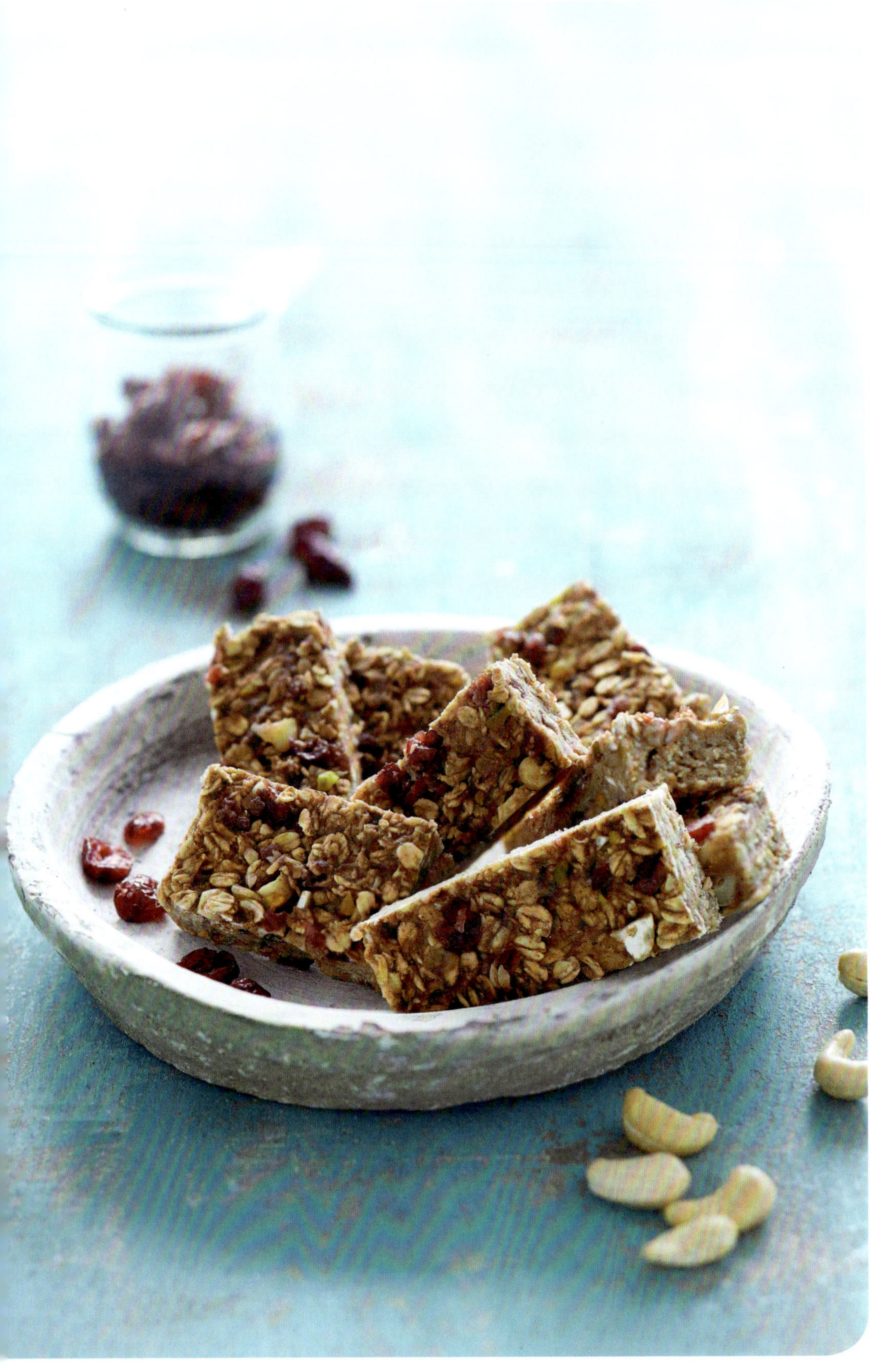

VEGETA-RISCH

LAKTOSE-FREI

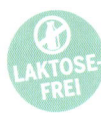

Oatmeal Bars

Für ca. 15 Stücke

Zubereitungszeit: 10 Minuten
Backzeit: 20–25 Minuten
Pro Riegel: 82 kcal • 3 g EW • 3 g F • 12 g KH

2 reife Bananen
15 g getrocknete Kirschen, alternativ Gojibeeren oder Aprikosen
200 g kernige Haferflocken
100 ml Mandeldrink
1 EL Mandelmus, alternativ Nussmus nach Wahl
1 TL gemahlene Bourbonvanille
2 TL Zimtpulver
1 EL gehackte Pistazienkerne
15 g gehackte Cashewkerne

Außerdem
rechteckige Backform (20 x 15 cm) oder Backblech

So geht's

1. Den Backofen auf 180 °C Ober-/Unterhitze (160 °C Umluft) vorheizen. Die Bananen schälen und mit einer Gabel zerdrücken. Die Trockenfrüchte mit dem Messer fein hacken.
2. Haferflocken, Mandeldrink, Mandelmus, Vanille und Zimt in einer Schüssel verrühren. Die zerdrückten Bananen und Trockenfrüchte unterheben. Gehackte Pistazien und Cashewkerne ebenfalls unter den Teig rühren.
3. Eine rechteckige Backform mit Backpapier auskleiden, den Teig gleichmäßig darin verteilen und glatt streichen. Alternativ ein Backblech verwenden und dies nur zur Hälfte mit dem Teig bestreichen. Die Masse 20–25 Minuten im vorgeheizten Ofen backen.
4. Anschließend herausnehmen, vollständig auskühlen lassen und in Riegel schneiden.

Meine Fitness Sweets

Sophias Schoko-Hafer-Kekse

Für ca. 12 Stücke

Zubereitungszeit: 10 Minuten
Ruhezeit: 10 Minuten
Backzeit: 10–15 Minuten
Pro Stück: 50 kcal • 4 g EW • 0,6 g F • 7 g KH

2 Eiweiß
1 Prise Salz
50 ml Wasser
100 g kernige Haferflocken
1 Banane
30 g neutrales Eiweißpulver (z. B. Shape Republic Backprotein)
2 EL Kakaopulver, schwach entölt

So geht's

1. Den Backofen auf 200 °C Umluft (220 °C Ober-/Unterhitze) vorheizen und ein Backblech mit Backpapier auslegen.
2. Eiweiß, Salz und 50 ml Wasser in einer Schüssel verquirlen. Die Haferflocken hinzufügen und alles etwa 5 Minuten quellen lassen. In der Zwischenzeit die Banane schälen und mit einer Gabel zerdrücken, dann die restlichen Zutaten hinzufügen und alles mit einer Gabel vermischen. Den Teig weitere 5 Minuten ruhen lassen.
3. Den Teig mithilfe eines Esslöffels portionsweise mit genügend Abstand auf dem Backblech verteilen und 10–15 Minuten im vorgeheizten Ofen backen.
4. Anschließend die Kekse herausnehmen und abkühlen lassen.

Bratapfel-Cookies

Für ca. 10 Stücke

Zubereitungszeit: *15 Minuten*
Backzeit: *10–12 Minuten*
Pro Stück: *93 kcal • 9 g EW • 2 g F • 9 g KH*

1 kleiner Apfel
1 TL Kokosöl
15 g gehackte Mandeln
½ TL Zimtpulver
100 g Magerquark
70 g Eiweißpulver, Vanillegeschmack
3 Eiweiß
100 g zarte Haferflocken
1 TL Weinsteinbackpulver
1 TL Honig

So geht's

1 Den Backofen auf 180 °C Ober-/Unterhitze (160 °C Umluft) vorheizen und ein Backblech mit Backpapier auslegen.

2 Den Apfel schälen und in kleine Würfel schneiden. Das Kokosöl in einem Topf erhitzen und die Apfelstücke ca. 2 Minuten darin dünsten. Die gehackten Mandeln hinzufügen und ca. 1 Minute weiterdünsten. Die Apfel-Mandel-Mischung mit dem Zimt bestreuen.

3 Magerquark, Eiweißpulver und Eiweiß in einer Schüssel mischen. Haferflocken, Backpulver und Honig zugeben und mit der Apfel-Mandel-Mischung zu einem glatten Teig verrühren.

4 Den Teig mithilfe eines Esslöffels portionsweise mit genügend Abstand auf dem Backblech verteilen und 10–12 Minuten im Ofen backen. Die Cookies sind fertig, wenn sie goldbraun und fest sind.

5 Anschließend herausnehmen und abkühlen lassen.

Kleine Köstlichkeiten

Pekannuss-Schokosplitter-Cookies

Für ca. 15 Stück

Zubereitungszeit: 30 Minuten
Backzeit: 10–12 Minuten
Pro Stück: 107 kcal • 3 g EW • 7 g F • 8 g KH

100 g Dinkelflocken, alternativ Haferflocken
120 g Pekannüsse, alternativ Haselnüsse
70 g Mandelmehl, alternativ Dinkelvollkornmehl
1 TL Weinsteinbackpulver
1 Prise Salz
2 EL Rapsöl
2 EL Kokosblütenzucker, alternativ Birkenzucker
60 ml Nussdrink, alternativ Milch
½ TL gemahlene Bourbonvanille
30 g Zartbitterschokolade (mind. 70 % Kakaoanteil)

So geht's

1. Den Backofen auf 175 °C Ober-/Unterhitze (155 °C Umluft) vorheizen und ein Backblech mit Backpapier auslegen.
2. Die Dinkelflocken in einen Standmixer geben und auf höchster Stufe zu Mehl verarbeiten. In eine Schüssel füllen. Dann die Pekannüsse in den Mixer geben und ca. 1 Minute fein mahlen, bis die Nüsse musähnlich werden. Zum Dinkelmehl geben und mit Mandelmehl, Backpulver und Salz mischen.
3. Rapsöl, Kokosblütenzucker, Nussdrink und Vanille schaumig schlagen. Die trockenen Zutaten hinzufügen und nur so lange rühren, bis ein Teig entsteht.
4. Die Schokolade mit einem Messer grob hacken und unter den Teig heben. Aus dem Teig kleine Kugeln formen und auf dem Backblech verteilen. Mit den Händen etwas flach drücken und 10–12 Minuten im vorgeheizten Ofen backen. Die Cookies sind noch weich, wenn sie aus dem Ofen kommen.

Mein Tipp

Kokosblütenzucker wird aus den Blüten der Kokospalme gewonnen. Er enthält viele Vitamine, Mineralstoffe und hat einen karamellartigen Geschmack, der sehr gut zu Gebäck wie Cookies passt.

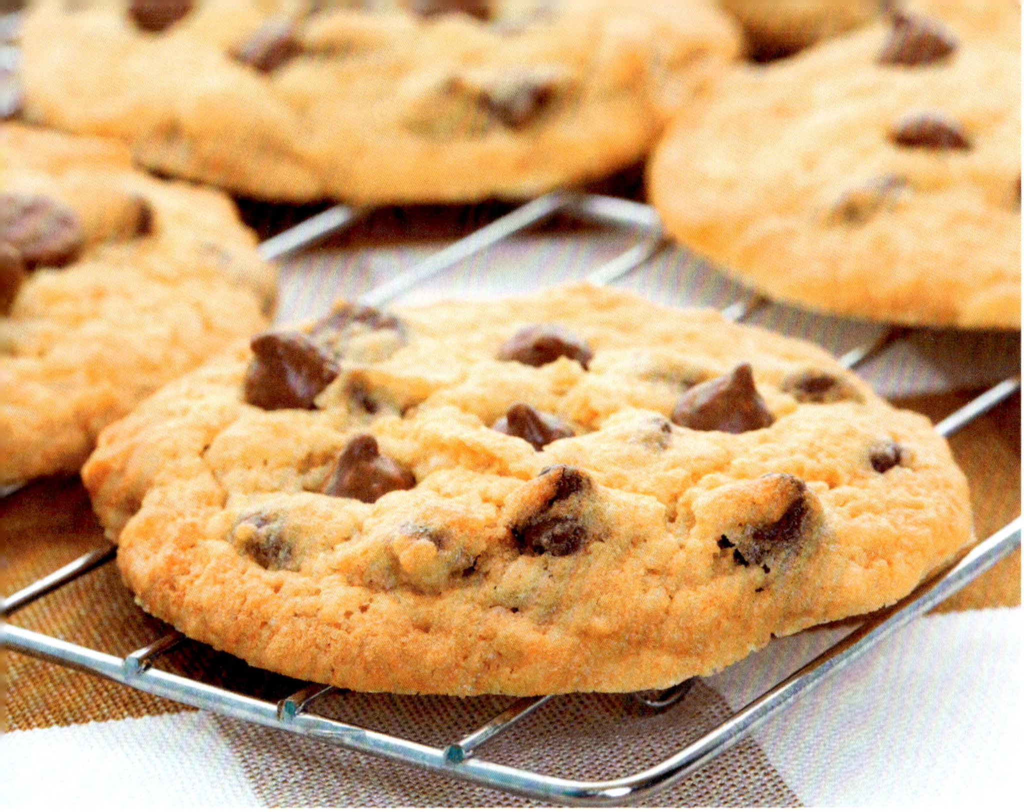

Soft-Erdnuss-Cookies

Für 10 Stücke

Zubereitungszeit: 10 Minuten
Backzeit: 8–10 Minuten
Pro Stück: 82 kcal • 4 g EW • 4 g F • 6 g KH

2 Datteln, entsteint und eingeweicht
1 Ei
1 Prise Salz
1 EL Honig, alternativ Kokosblütenzucker
70 g Erdnussmus
6 EL Mandeldrink, alternativ Milch
50 g Dinkelvollkornmehl
1 TL Weinsteinbackpulver
½ TL gemahlene Bourbonvanille
2 EL Kakaonibs

So geht's

1. Den Backofen auf 180 °C Ober-/Unterhitze (160 °C Umluft) vorheizen und ein Backblech mit Backpapier auslegen.
2. Die eingeweichten Datteln mit einem Messer in kleine Stücke schneiden. Das Ei mit Salz und Honig schaumig schlagen.
3. Die gehackten Datteln sowie die restlichen Zutaten, bis auf die Kakaonibs, hinzufügen und alles zu einem glatten Teig verrühren. Zum Schluss die Kakaonibs unter den Teig heben.
4. Je 1–2 EL Teig auf das Backblech geben und etwas glatt streichen. Die Cookies 8–10 Minuten im vorgeheizten Backofen backen.
5. Anschließend herausnehmen und abkühlen lassen oder noch warm genießen.

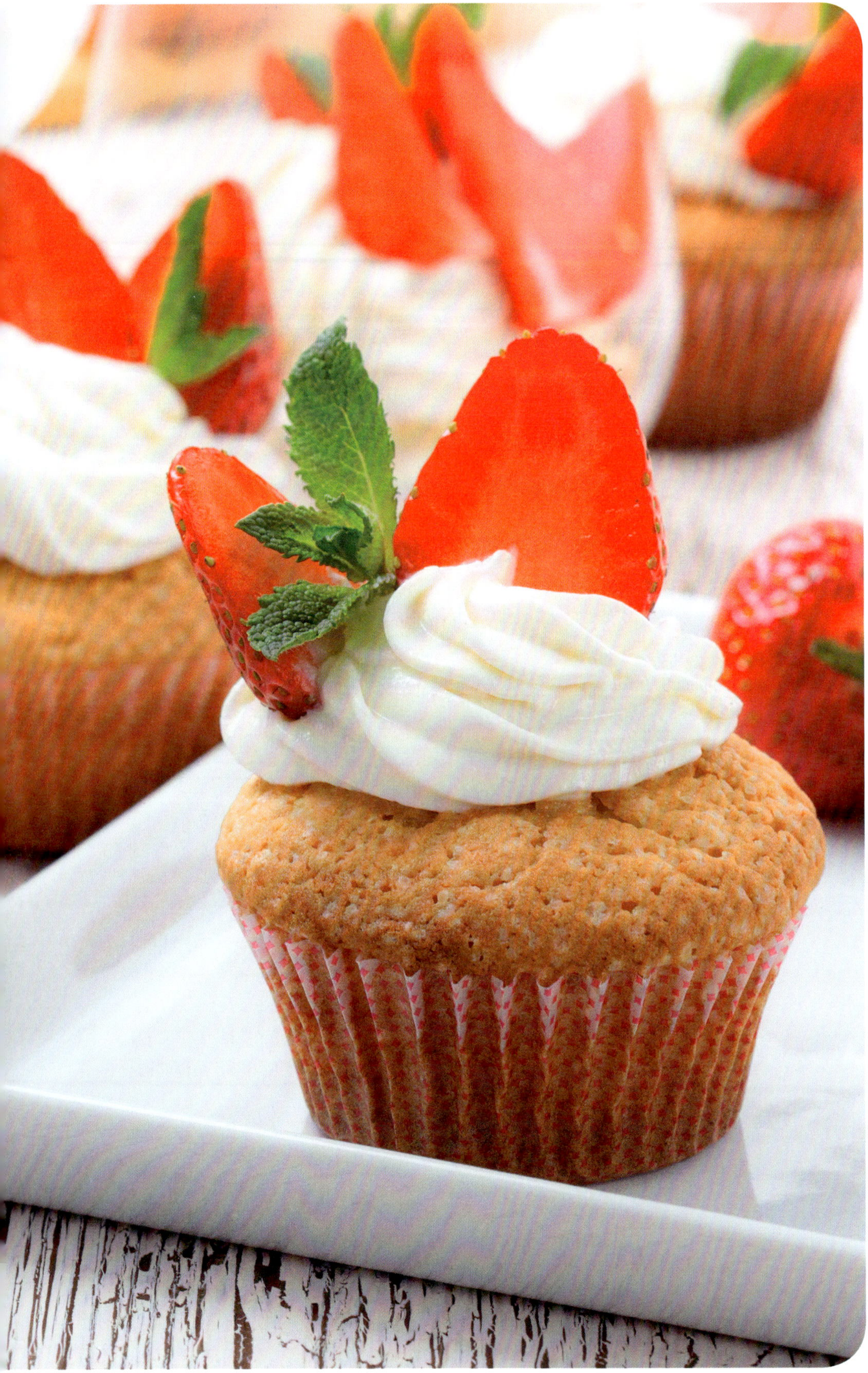

VEGETA-RISCH

GLUTEN-FREI

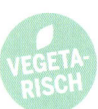

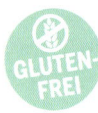

Erdbeer-Joghurt-Cupcakes

Für 6 Stücke

Zubereitungszeit: 25 Minuten
Backzeit: 15–20 Minuten
Pro Stück: 181 kcal • 14 g EW • 10 g F • 9 g KH

100 g Erdbeeren
2 Eier
1 EL Agavendicksaft
80 g fettarmer griechischer Joghurt, alternativ Naturjoghurt (1,5 % Fett)
40 ml Mandeldrink, alternativ Milch
75 g gemahlene Mandeln
25 g Buchweizenmehl, alternativ Dinkelvollkornmehl
40 g Eiweißpulver, Vanillegeschmack, alternativ Dinkelvollkornmehl
1 TL Weinsteinbackpulver
½ TL gemahlene Bourbonvanille
Stevia-Streusüße (nach Belieben)

Für das Frosting

100 g leichter Frischkäse (20 % Fett i. Tr.)
50 g Magerquark
½ TL gemahlene Bourbonvanille
1–2 EL Erythrit, gemahlen (Puderzuckerersatz aus Erythrit), alternativ Stevia-Streusüße

Außerdem

Muffinblech oder (Silikon-)Muffinförmchen
Papierförmchen
Spritzbeutel mit Sterntülle
Minzeblätter zum Garnieren

So geht's

1. Den Backofen auf 180 °C Ober-/Unterhitze (160 °C Umluft) vorheizen. Ein Muffinblech mit Papierförmchen auslegen oder Silikon-Muffinförmchen bereitstellen.
2. Die Erdbeeren waschen und vom Grün befreien. Die Erdbeeren – bis auf 3 zum Garnieren – in kleine Würfel schneiden. Die beiseitegestellten Erdbeeren halbieren.
3. Eier und Agavendicksaft schaumig schlagen. Griechischen Joghurt und Mandeldrink unterrühren. Die trockenen Zutaten in einer Schüssel abwiegen und nach und nach zur Eimasse geben. Alles zu einem glatten Teig verrühren, die Erdbeerwürfel unterheben und nach Belieben etwas Stevia-Streusüße hinzufügen.
4. Den Teig in den Muffinformen verteilen und 15–20 Minuten im vorgeheizten Ofen backen.
5. In der Zwischenzeit das Frosting vorbereiten. Dazu Frischkäse und Quark mit einem Schneebesen oder Löffel glatt rühren. Vanille und Puder-Erythrit hinzufügen, die Creme in den Spritzbeutel füllen und bis zur Verwendung im Kühlschrank aufbewahren.
6. Die Muffins aus dem Ofen nehmen und abkühlen lassen. Anschließend mit dem Frischkäse-Frosting toppen und mit beiseitegestellten Erdbeerhälften sowie Minzeblättern garnieren.

Die Muffins kannst du auch ohne Eier backen: Ersetze sie einfach durch Banane, Apfelmus oder Joghurt. Für 1 Ei benötigst du entweder 50 g Banane, 85 g ungezuckertes Apfelmus oder 60 g Naturjoghurt.

Schoko-Himbeer-Cupcakes

Für 7 Stücke

Zubereitungszeit: 30 Minuten
Backzeit: 25 Minuten
Pro Stück: 147 kcal • 15 g EW • 6 g F • 8 g KH

100 g TK-Himbeeren
50 g gemahlene Mandeln
50 g Eiweißpulver, Schokoladengeschmack
1 TL Kakaopulver, schwach entölt
1 Pck. Weinsteinbackpulver
2 Eier
1 Prise Salz
20 g Birkenzucker, alternativ Kokosblütenzucker
250 g Magerquark, alternativ Skyr

Für das Frosting

100 g leichter Frischkäse (20 % Fett i. Tr.)
50 g Magerquark, alternativ Skyr
2 TL Himbeersaft (beim Abtropfen aufgefangen), alternativ ungesüßter Himbeersaft
1–2 EL Erythrit, gemahlen (Puderzuckersersatz aus Erythrit), alternativ Stevia-Streusüße
1 TL Açaibeeren-Pulver (nach Belieben)

Außerdem

Muffinblech oder (Silikon-)Muffinförmchen
Papierförmchen
Spritzbeutel mit Sterntülle
Zartbitter-Schokoladenraspel (mind. 70 % Kakaoanteil), alternativ Kakaonibs
frische Himbeeren zum Garnieren

So geht's

1. Den Backofen auf 180 °C Ober-/Unterhitze (160 °C Umluft) vorheizen. Ein Muffinblech mit Papierförmchen auslegen oder Silikon-Muffinförmchen bereitstellen.
2. Die Himbeeren in ein Sieb über einer Schüssel geben, auftauen lassen und den Saft auffangen.
3. Gemahlene Mandeln, Eiweißpulver, Kakao- und Backpulver mischen. Die Eier trennen und die Eiweiß mit dem Salz steif schlagen. Die Eigelbe mit dem Birkenzucker schaumig schlagen und den Quark unterrühren. Die Mandelmischung zugeben, kurz verrühren und zum Schluss den Eischnee unterheben.
4. Die Muffinformen zur Hälfte mit dem Teig befüllen und je 1–2 Himbeeren darauflegen. Den restlichen Teig darüber verteilen und die Muffins im vorgeheizten Ofen 25 Minuten backen.
5. In der Zwischenzeit das Frosting vorbereiten. Dazu Frischkäse, Quark und aufgefangenen Himbeersaft verrühren und mit Puder-Erythrit abschmecken. Für eine intensive pinke Farbe nach Belieben etwas Açaibeeren-Pulver unter das Frosting rühren. In den Spritzbeutel füllen und bis zur Verwendung im Kühlschrank aufbewahren.
6. Die Muffins aus dem Ofen nehmen und abkühlen lassen. Anschließend das Frosting aufspritzen. Alternativ das Frosting mit einem Löffel oder Messer auf die Cupcakes streichen. Mit den frischen Himbeeren und Schokoladenraspeln garnieren.

Schokoladige Quinoa-Knuspertaler

Für 1 eckige Backform (ca. 8 Stücke)

Zubereitungszeit: 5 Minuten
Backzeit: 15–20 Minuten
Pro Stück: 59 kcal • 2 g EW • 1 g F • 37 g KH

1 Ei
2 EL Ahornsirup, alternativ Reissirup oder Agavendicksaft
1–2 EL Kakaopulver, schwach entölt
80 g gepuffte Quinoa

Außerdem
1 eckige Backform (22 x 22 cm)
runde Plätzchenausstecher
Schokosoße (nach Belieben)

So geht's

1. Den Backofen auf 150 °C Ober-/Unterhitze (Umluft 130 °C) vorheizen. Die Backform mit Backpapier auslegen.
2. Das Ei in eine Schüssel geben und mit einer Gabel verquirlen. Ahornsirup, Kakaopulver sowie gepuffte Quinoa hinzufügen und alles zu einer homogenen Masse verrühren. Falls die Masse nicht zusammenhält, noch etwas Ahornsirup zugeben.
3. Die Schoko-Quinoa-Masse in die Form geben, glatt streichen und 15–20 Minuten im vorgeheizten Ofen backen. Anschließend 5 Minuten abkühlen lassen und mit dem Backpapier aus der Form heben.
4. Mit runden Plätzchenausstechern kleine Taler ausstechen oder mit einem Messer in Stücke schneiden. Nach Belieben noch in Schokosoße dippen.

Peanut-Butter-Cups

Für 12 Stücke

Zubereitungszeit: 15 Minuten
Kühlzeit: 1,5 Stunden
Pro Stück: 125 kcal • 4 g EW • 9 g F • 6 g KH

200 g Zartbitterschokolade (mind. 70 % Kakaoanteil)
50 g Erdnussmus, alternativ Kokos- oder Mandelmus
1 EL Eiweißpulver, Vanillegeschmack (nach Belieben)
1 Msp. gemahlene Bourbonvanille
1 Prise Salz

Außerdem
12 Mini-Muffinformen aus Papier oder Silikon, alternativ Papierförmchen für Pralinen

So geht's

1 Die Muffinformen auf einem Teller bereitstellen.
2 Die Schokolade in grobe Stücke brechen und in einer Schüssel über dem Wasserbad schmelzen. Dabei ab und zu umrühren.
3 In jede Papiermanschette 1 EL geschmolzene Schokolade geben, glatt streichen und 10–15 Minuten ins Gefrierfach stellen.
4 In der Zwischenzeit Erdnussmus, Eiweißpulver, Vanille und Salz glatt rühren. Aus der Masse 12 kleine Kugeln formen.
5 Die Schokoladenböden aus dem Gefrierfach nehmen und auf jeden eine Kugel legen und mit den Händen flach drücken. Die restliche Schokolade darauf verteilen und die Peanut Butter Cups vor dem Verzehr ca. 1 Stunde im Kühlschrank fest werden lassen.

Joghurt-Gums

Für ca. 20 Stücke

Zubereitungszeit: 10 Minuten
Kühlzeit: mind. 3 Stunden
Pro Stück: 16 kcal • 1 g EW • 0,1 g F • 2 g KH

1 Pck. (12 g) Götterspeise, ungezuckert
15 g Agar-Agar
1 EL Birkenzucker (Xylit)
150 g ungesüßter Sojajoghurt, alternativ Naturjoghurt

Außerdem
Silikon-Pralinenformen nach Wunsch

So geht's

1. Die Silikonformen mit etwas kaltem Wasser ausspülen. 150 ml Wasser mit Götterspeisepulver, Agar-Agar und Birkenzucker in einem Topf zum Kochen bringen.
2. Die Mischung ca. 2 Minuten kochen lassen und anschließend den Topf vom Herd nehmen. Den Joghurt unterrühren und die Masse in die vorbereiteten Silikonformen gießen.
3. Über Nacht in den Kühlschrank geben, dann vorsichtig aus den Formen nehmen.

Superfood-Energiekugeln

Für ca. 20 Stücke

Zubereitungszeit: 10 Minuten
Backzeit: 10 Minuten
Pro Stück: 39 kcal • 1 g EW • 2 g F • 3 g KH

20 g Datteln, entsteint
100 g TK-Brombeeren, alternativ gemischte TK-Beeren
60 g kernige Haferflocken
1 EL Chiasamen, alternativ Leinsamen
20 g Sonnenblumenkerne
30 g Kokosmehl
2 EL Kokosflocken
1 EL flüssiges Kokosöl, alternativ Nussmus
1 TL gemahlene Bourbonvanille
1 TL Açaibeeren-Pulver (nach Belieben)

So geht's

1. Die Datteln über Nacht in Wasser einweichen. Am nächsten Tag das Einweichwasser abgießen und die Datteln mit dem Messer klein schneiden.
2. Den Backofen auf 150 °C Ober-/Unterhitze (130 °C Umluft) vorheizen. Ein Backblech mit Backpapier auslegen.
3. Datteln und Beeren mit den restlichen Zutaten in einen Hochleistungsmixer geben und so lange pürieren, bis eine homogene, formbare Masse entstanden ist.
4. Aus der Masse kleine Kugeln formen und diese auf dem Backblech verteilen.
5. Die Kugeln 10 Minuten im vorgeheizten Ofen backen, dann herausnehmen und abkühlen lassen. Die Bällchen halten sich im Kühlschrank ca. 3 Tage.

Mein Tipp

Kakaonibs, Gojibeeren, gehackte Cashewkerne oder Nussmus machen sich ebenfalls prima im Teig. Für eine Rohkostvariante die Bällchen einfach ungebacken und gut gekühlt genießen.

Raw-Protein-Pops

Für ca. 15 Stücke
Zubereitungszeit: 15 Minuten
Pro Stück: 49 kcal • 3 g EW • 2 g F • 5 g KH

50 g Datteln, entsteint
50 g gemischte TK-Beeren
50 g Dinkelflocken, alternativ Haferflocken
40 g Mandelmus
40 g Eiweißpulver, Schokogeschmack
1 TL Kakaopulver, schwach entölt

Außerdem
Cake-Pop-Stiele
gefriergetrocknete Himbeeren zum Wälzen

So geht's

1. Die Datteln über Nacht in Wasser einweichen. Am nächsten Tag das Einweichwasser abgießen und die Datteln mit dem Messer klein schneiden.
2. Datteln und Beeren mit den restlichen Zutaten in einen Hochleistungsmixer geben und so lange pürieren, bis eine homogene, formbare Masse entstanden ist.
3. Aus der Masse kleine Bällchen formen. Die gefriergetrockneten Himbeeren im Standmixer zu Himbeerpulver vermahlen.
4. Aus der Masse kleine Bällchen formen, auf die Cake-Pop-Stiele stecken und im Himbeerpulver wälzen.

Pistazien-Schoko-Proteintrüffel

Für ca. 15 Stücke

Zubereitungszeit: 15 Minuten
Kühlzeit: 1 Stunde
Pro Stück: 61 kcal • 4 g EW • 4 g F • 2 g KH

50 g getrocknete Aprikosen, alternativ Datteln
50 g Mandeln, alternativ Cashewkerne
40 g Eiweißpulver, Schokoladengeschmack
1 TL Kakaopulver, schwach entölt
1 EL gehackte Pistazien
20 g Mandelmus
1 Prise Zimtpulver
1–2 EL Mandeldrink

Außerdem
25 g gehackte Pistazien

So geht's

1. Die Aprikosen ein paar Stunden, am besten über Nacht, in Wasser einweichen.
2. Die Mandeln in einen Hochleistungsmixer geben und kurz mixen. Dann eingeweichte Aprikosen und die restlichen Zutaten hinzugeben und so lange pürieren, bis eine homogene, formbare Masse entstanden ist. Nach Bedarf löffelweise den Pflanzendrink hinzufügen und alles noch einmal glatt mixen.
3. Aus der Masse kleine Bällchen formen und diese in den gehackten Pistazien wälzen. Die Trüffel vor dem Verzehr mindestens 1 Stunde in den Kühlschrank stellen.

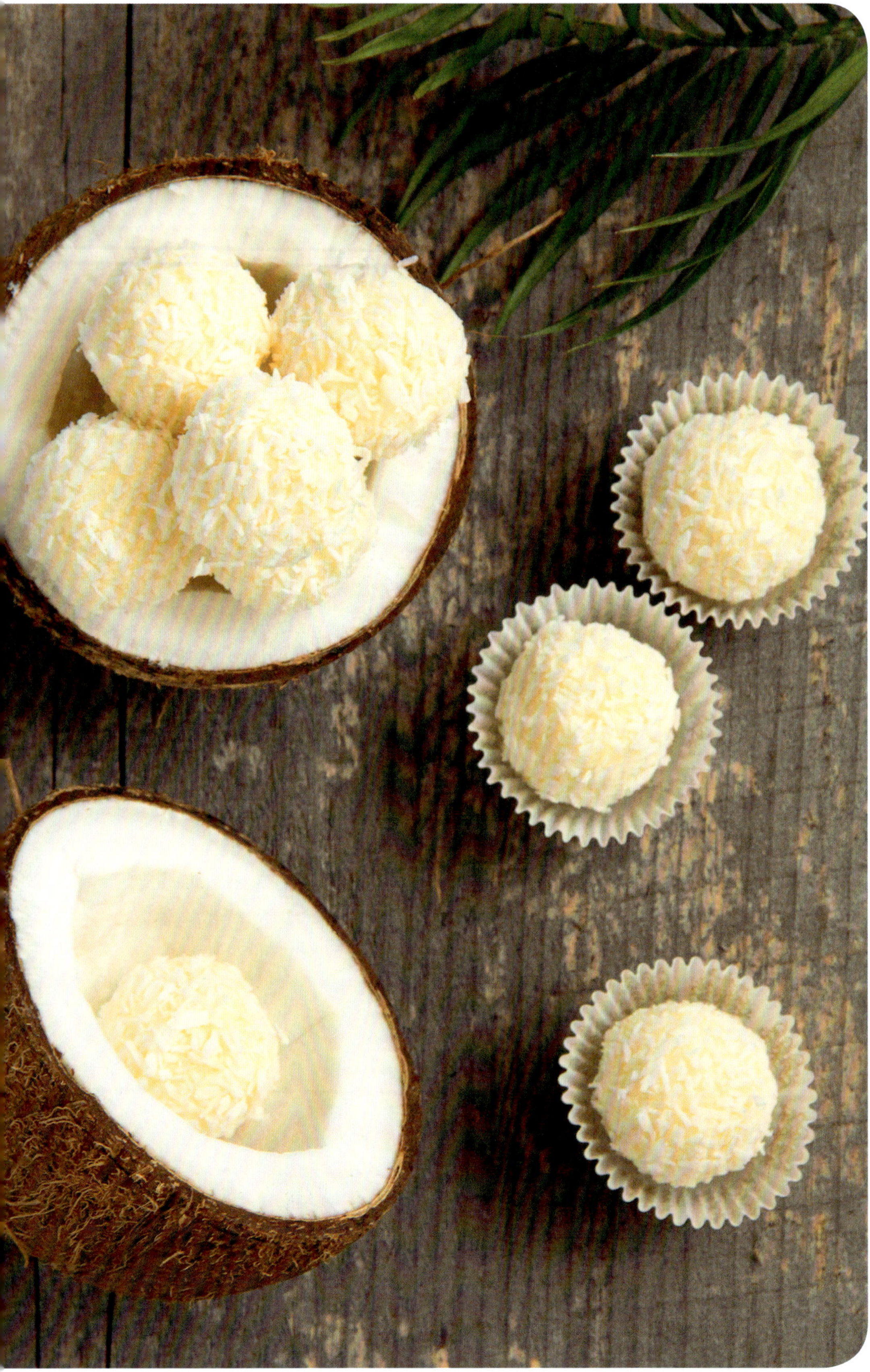

VEGETA-RISCH

GLUTEN-FREI

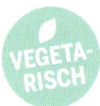

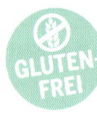

Fitness-Kokosbällchen

Für 10 Stücke

Zubereitungszeit: 15–20 Minuten
Kühlzeit: 2 Stunden
Pro Stück: 59 kcal • 4 g EW • 4 g F • 2 g KH

10 ganze Mandeln mit Schale
1 TL Kokosmus, alternativ Mandelmus
150 g Magerquark
100 g fettarmer körniger Frischkäse, alternativ Magerquark
1 EL Kokosmehl, alternativ Eiweißpulver
1 Msp. gemahlene Bourbonvanille

Außerdem
30 g Kokosflocken

So geht's

1. Die Mandeln mit lauwarmem Wasser in eine Tasse oder Schüssel geben und einige Minuten stehen lassen. Nach dieser Zeit lässt sich die braune Schale ganz leicht mit den Händen ablösen.
2. In der Zwischenzeit das Kokosmus in einem kleinen Topf oder in der Mikrowelle vorsichtig erwärmen, bis es flüssig ist. Anschließend Magerquark, körnigen Frischkäse, Kokosmehl, Kokosmus sowie Vanille in einer Schüssel verrühren. Ist die Masse zu flüssig, noch etwas Kokosmehl zufügen. Ist die Masse zu fest, noch etwas Wasser oder Kokosdrink hinzufügen, bis sie sich formen lässt.
3. Aus der Kokosmasse kleine Kugeln formen und je 1 blanchierte Mandel hineinstecken.
4. Die Kokosflocken in einen tiefen Teller geben und die Kugeln darin wälzen.
5. Die Bällchen vor dem Verzehr mindestens 2 Stunden in den Kühlschrank stellen.

Mein Tipp

Für ein perfektes Ergebnis nimm den Magerquark erst kurz vor der Verarbeitung aus dem Kühlschrank. Bitte auch keinen cremig gerührten Quark verwenden.

Vanille-Zimt-Mandeln

Für 4 Portionen

Zubereitungszeit: *10 Minuten*
**Aus*kühlzeit:* *30 Minuten*
Pro Portion: *162 kcal • 6 g EW • 14 g F • 4 g KH*

1–2 TL gemahlene Bourbonvanille
½ TL Zimtpulver
1 EL Birkenzucker
2 EL Erythrit, gemahlen (Puderzuckerersatz aus Erythrit)
100 g ganze Mandeln mit Schale

So geht's

1. Vanille, Zimt, Birkenzucker und Puder-Erythrit in einer kleinen Schüssel mischen.
2. Die Mandeln in einer beschichteten Pfanne erhitzen und die Vanille-Zimt-Mischung darübergeben. Alles unter Rühren bei geringer Hitze anrösten, bis Birkenzucker und Erythrit geschmolzen sind.
3. Die Mandeln auf Backpapier verteilen und vollständig auskühlen lassen. Je nach Vorliebe mit den Händen in kleinere oder größere Stücke brechen oder zerbröseln.

Schoko-Eiweißriegel

Für ca. 10 Riegel

Zubereitungszeit: 10 Minuten
Backzeit: 16–18 Minuten
Pro Riegel: 126 kcal • 8 g EW • 7 g F • 7 g KH

50 g gemahlene Mandeln
50 g gemahlene Erdmandeln, alternativ gemahlene Mandeln
50 g Kartoffelstärke
30 g Kokosmehl
60 g Eiweißpulver, Schokogeschmack
1 EL Kakaopulver, schwach entölt
250 ml Mandeldrink

Außerdem
1 eckige Backform (24 x 24 cm), alternativ 1 Springform (ca. 26 cm ø)
1 EL gehackte getrocknete Cranberrys, alternativ Gojibeeren
1 EL gehackte Pistazien

So geht's

1. Den Backofen auf 160 °C Ober-/Unterhitze (140 °C Umluft) vorheizen. Den Boden einer eckigen Backform oder einer Springform mit Backpapier auslegen.
2. Alle Zutaten in eine Schüssel geben und mit dem Handrührgerät zu einem glatten Teig verarbeiten. Den Teig in die Form füllen und glatt streichen.
3. Mit Cranberrys und Pistazien bestreuen. Den Teig 16–18 Minuten im vorgeheizten Ofen backen. Die Riegel sollten noch weich und saftig sein.
4. Den Teig in der Form etwas abkühlen lassen und anschließend in Riegel schneiden. Auf einem Kuchengitter vollständig auskühlen lassen.

Dessert und Eis

Leicht, frisch und gesund soll sie sein – nur dann wird eine Nachspeise zur Krönung einer jeden vollwertigen Mahlzeit. Und wenn du dein Dessert selbst machst, tappst du nicht in die Kalorienfalle. Von Nicecream über Crumble bis zu Tiramisu: Hier kommen die besten Versuchungen mit Schlankgarantie!

Sophias Vanillecreme

Für 2 Gläser à 180 ml

Zubereitungszeit: *30 Minuten*
Pro Portion: *175 kcal • 8 g EW • 5 g F • 24 g KH*

250 ml Mandeldrink, alternativ Sojadrink oder Milch
25 g Kartoffelstärke, alternativ Maisstärke
2 TL gemahlene Bourbonvanille
1 Eigelb
2 TL Reissirup, alternativ Agavendicksaft
100 g Skyr, alternativ Magerquark oder eine pflanzliche Alternative

Außerdem
2 Dessertgläser
100 g gemischte Beeren
Minzeblätter zum Garnieren

So geht's

1. 5 EL Mandeldrink mit Stärke und Vanille glatt rühren. Das Eigelb unter die Mandel-Stärke-Mischung rühren.
2. Die restliche Mandelmilch mit dem Reissirup in einem Topf zum Kochen bringen und die Eimischung einrühren. Noch einmal aufkochen lassen, anschließend vom Herd nehmen und abkühlen lassen.
3. In der Zwischenzeit die Beeren waschen und in einem Sieb abtropfen lassen. Die Erdbeeren vom Grün befreien und in Würfel schneiden.
4. Den Skyr zum abgekühlten Vanillepudding geben und mit dem Handrührgerät oder im Mixer aufschlagen, bis eine cremige Masse entsteht.
5. Die Vanillecreme in den Dessertgläsern verteilen und mit den Früchten sowie Minze garnieren.

Mein Tipp

Damit dir die Milch beim Aufkochen nicht anbrennt, gibt es einen ganz einfachen Trick: Spüle den Topf, in dem du den Pudding kochen möchtest, vorher mit kaltem Wasser aus oder bedecke den Topfboden mit ganz wenig Wasser und bringe es zum Kochen. Dann erst die Milch eingießen. Übrigens: Vanillepudding kannst du auch ohne Ei zubereiten, dann ist die Creme vegan.

VEGETARISCH

GLUTENFREI

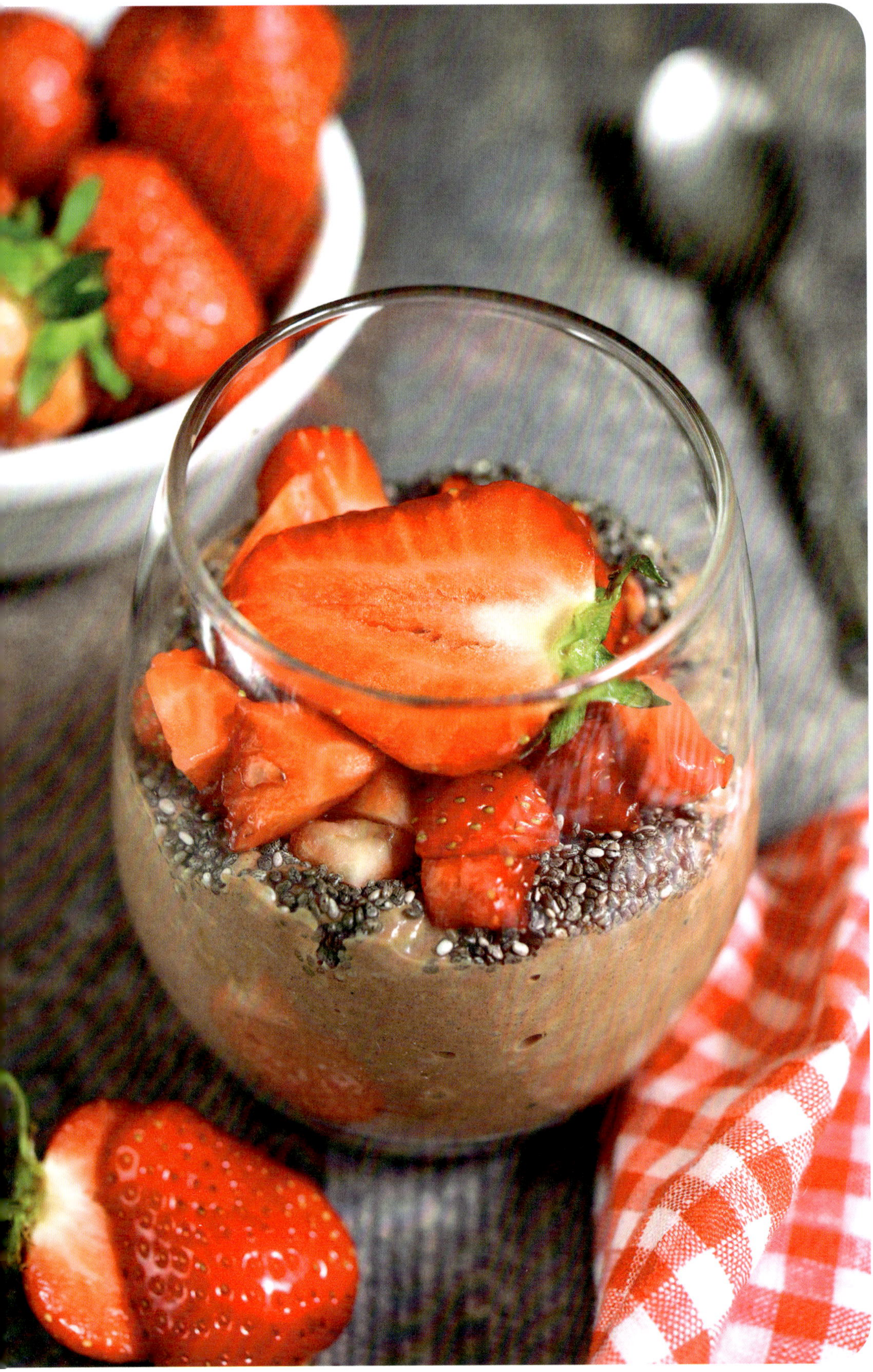

VEGAN

GLUTEN-FREI

LAKTOSE-FREI

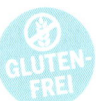

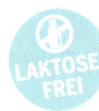

Schoko-Chia-Pudding

Für 2 Gläser à 180 ml

Zubereitungszeit: *10 Minuten*
Kühlzeit: *2 Stunden*
Pro Portion: *252 kcal • 10 g EW • 10 g F • 18 g KH*

120 ml Mandeldrink, alternativ Milch
1 ½–2 EL Kakaopulver, schwach entölt
150 g pflanzliche Quarkalternative, alternativ Skyr oder Magerquark
1 Banane
4 EL Chiasamen

Außerdem
2 Dessertgläser
100 g Erdbeeren
Chiasamen zum Garnieren

So geht's

1. Den Mandeldrink mit Kakaopulver und der pflanzlichen Quarkalternative in einen Standmixer geben. Die Banane schälen, in grobe Stücke brechen und zufügen. Alles im Mixer cremig pürieren.
2. Anschließend die Chiasamen zugeben und alles noch einmal durchmixen. Den Schokopudding in den Dessertgläsern verteilen und mindestens 2 Stunden in den Kühlschrank stellen.
3. Die Erdbeeren waschen, vom Grün befreien und in Würfel schneiden. Den Pudding aus dem Kühlschrank nehmen und zum Servieren mit Chiasamen und Erdbeeren garnieren.

Meine Fitness Sweets

Apfel-Beeren-Crumble

Für 1 Auflaufform oder 4 kleine Formen
Zubereitungszeit: 10 Minuten
Backzeit: 40–45 Minuten
Pro Portion: 241 kcal • 10 g EW • 11 g F • 22 g KH

Für die Obstmischung
1 Apfel (ca. 150 g)
150 g gemischte Beeren
1 TL gemahlene Bourbonvanille

Für die Zimtstreusel
50 g 3-Korn-Flocken, alternativ Haferflocken
30 g gemahlene Mandeln, alternativ Walnüsse oder Haselnüsse
1 EL Mandelmehl
1 EL Kokosöl
1 EL Ahornsirup, alternativ Honig
¼ TL Zimtpulver
1 Prise Salz

Außerdem
1 Auflaufform (z. B. 20 x 20 cm) oder 4 kleine Formen (ca. 10 cm ø)
500 g Sojajoghurt
1 TL gemahlene Bourbonvanille
Minzeblätter zum Garnieren (nach Belieben)

So geht's

1 Den Backofen auf 170 °C Ober-/Unterhitze (150 °C Umluft) vorheizen. Den Apfel waschen, schälen und in grobe Stücke schneiden. Die Beeren waschen. Das Obst in eine Auflaufform oder mehrere kleine Förmchen füllen und mit einer Gabel leicht einstechen.

2 Für die Streusel alle Zutaten in eine Schüssel geben und mit einer Gabel verrühren. Die entstandenen Streusel über der Obstmischung verteilen und 40–45 Minuten im vorgeheizten Ofen goldbraun backen.

3 Den Joghurt mit der Vanille glatt rühren und zum Crumble servieren. Diesen nach Belieben mit Minze garnieren.

Mein Crumble schmeckt auch mit Erdbeeren und Rhabarber, Kirschen oder einer Kombi aus Himbeeren und Pfirsich.

Meine Fitness Sweets

Chia-Dessert »Mango Colada«

Für 2 Gläser à 150 ml

Zubereitungszeit: *10 Minuten*
Kühlzeit: *2 Stunden*
Pro Portion: *254 kcal · 11 g EW · 8 g F · 27 g KH*

4 EL Chiasamen
1 EL Süßlupinenmehl
250 ml Kokosdrink, alternativ Milch
150 g reife Mango

Außerdem
2 Dessertgläser

So geht's

1. Chiasamen und Süßlupinenmehl mit dem Kokosdrink verrühren.
2. Die Mango schälen, entsteinen und das Fruchtfleisch in Würfel schneiden. Die Hälfte davon unter den Chiapudding heben und anschließend in den Dessertgläsern verteilen.
3. Die Gläser mindestens 2 Stunden, am besten über Nacht, in den Kühlschrank stellen.
4. Kurz vor dem Verzehr mit den restlichen Mangostücken garnieren und genießen.

Mein Tipp

Püriere die Mango und vermische alles mit der Chia-Kokos-Mischung. So bekommt dein Dessert eine sonnige Farbe und mit Kokosflocken als Topping schmeckt es exotisch fruchtig.

Süßlupinenmehl ist in gut sortieren Supermärkten erhältlich. Es verleiht dem Dessert die Extraportion Eiweiß. Stattdessen kannst du aber auch 3 EL milden Joghurt oder Quark unterrühren.

VEGAN

GLUTEN-FREI

LAKTOSE-FREI

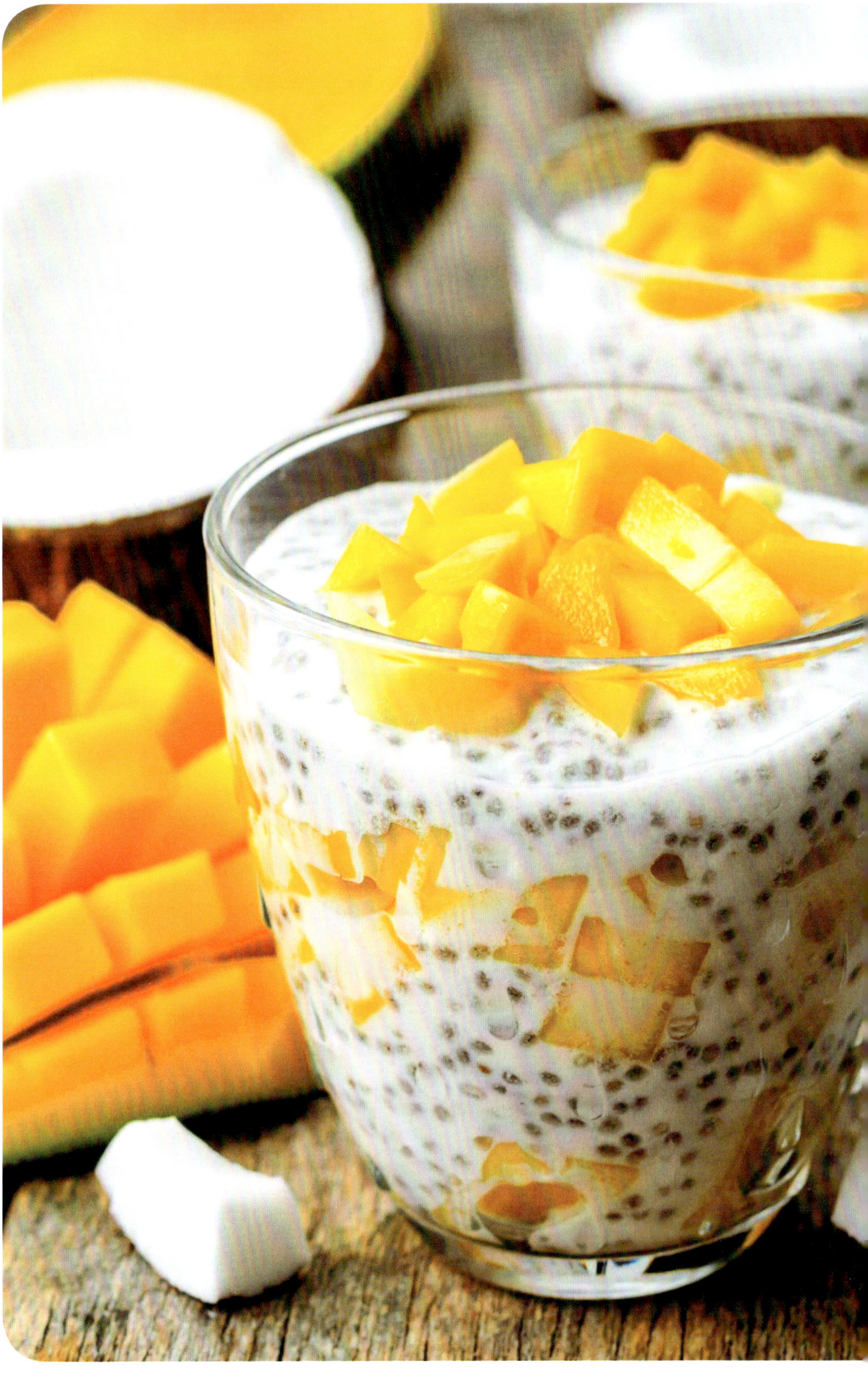

Kleiner Schoko-Lava-Kuchen

Für 4 kleine Kuchen

Zubereitungszeit: 5 Minuten
Backzeit: 5–8 Minuten
Pro Stück: *142 kcal • 15 g EW • 5 g F • 12 g KH*

60 ml Mandeldrink
1 Ei
2 TL Kokosöl, alternativ Rapsöl
30 g zarte Haferflocken
60 g Eiweißpulver, Schokogeschmack
2 EL Kokosblütenzucker
3 TL Kakaopulver, schwach entölt
1 Prise Salz

Außerdem
4 (Silikon-)Muffinförmchen, alternativ Soufflé-Formen
Kokosöl für die Formen
Birkenpuderzucker zum Garnieren (nach Belieben)

So geht's

1. Die Muffinformen bereitstellen, alternativ die Soufflé-Formen mit etwas Kokosöl auspinseln. Den Backofen auf 175 °C Ober-/Unterhitze (155 °C Umluft) vorheizen.
2. Mandeldrink und Ei in den Standmixer geben. Die restlichen Zutaten nacheinander zufügen und alles auf hoher Stufe durchmixen.
3. Die Muffinformen mit dem Teig befüllen und 5–8 Minuten im vorgeheizten Ofen backen.
4. Die Kuchen herausnehmen, etwas abkühlen lassen und mit Puderzucker bestäuben.

»Heiße Liebe«-Trifle

Für 2 Gläser à 180 ml

Zubereitungszeit: 10–15 Minuten
Pro Portion: 178 kcal • 15 g EW • 3 g F • 19 g KH

Für die Vanillemousse
150 g Skyr, alternativ fettarmer griechischer Joghurt
150 g Naturjoghurt (1,5 % Fett)
1 Vanilleschote, alternativ gemahlene Bourbonvanille
2 Eiweiß
1 Prise Salz
1 EL Birkenzucker (Xylit)

Für die Himbeersoße
150 g TK-Himbeeren
1 TL Ahornsirup, alternativ Honig

Außerdem
2 Dessertgläser
frische Himbeeren zum Garnieren
1 TL ganze Mandeln

So geht's

1. Für die Vanillemousse Skyr und Joghurt in einer Schüssel glatt rühren. Die Vanilleschote mit einem Messer aufschlitzen, das Vanillemark herauskratzen und unter die Quark-Joghurt-Masse rühren.
2. Die Eiweiß mit dem Salz steif schlagen, dabei langsam den Birkenzucker einrieseln lassen. Den Eischnee vorsichtig unter die Joghurtcreme heben.
3. Für die Himbeersoße Himbeeren und Ahornsirup in einen kleinen Topf geben und bei geringer Hitze 5 Minuten köcheln lassen. Anschließend mit einem Pürierstab oder im Mixer glatt pürieren und durch ein feines Sieb in eine Schüssel passieren.
4. Die Vanillemousse abwechselnd mit der Himbeersoße in die Dessertgläser schichten und zum Schluss mit Himbeeren garnieren. Die Mandeln mit einem Messer grob hacken und darüberstreuen.

Süße Melonenpizza

Für 2 Portionen

Zubereitungszeit: 15 Minuten
Pro Portion (3 Stücke):
239 kcal • 15 g EW • 12 g F • 19 g KH

1 dicke Scheibe Wassermelone (ca. 2 cm)
100 g Obst (z. B. Erdbeeren, Brombeeren, Heidelbeeren und Mandarinen)
250 g Skyr, alternativ Magerquark oder fettarmer griechischer Joghurt
1 TL gemahlene Bourbonvanille

Für die Schokoladensoße
1 TL Mandeldrink
1 TL Kokosöl
1 TL Ahornsirup
1 EL Kakaopulver, schwach entölt

Außerdem
12 Pekannüsse
Kakaonibs zum Garnieren
Minzeblätter zum Garnieren

So geht's

1. Die Melonenscheibe auf einen großen Teller legen und in sechs gleich große Stücke schneiden.
2. Die Beeren waschen und abtropfen lassen. Die Erdbeeren vom Grün befreien und vierteln. Die Mandarine schälen, die Stücke trennen und halbieren. Den Quark in einer Schüssel glatt rühren und die Vanille unterrühren. Den Vanillequark gleichmäßig auf den Melonenstücken verteilen und mit den Früchten belegen.
3. Dann die Schokoladensoße zubereiten: Dazu Mandeldrink, Kokosöl und Ahornsirup in einem kleinen Topf unter Rühren bei geringer Hitze erwärmen, bis das Kokosöl flüssig ist. Das Kakaopulver zufügen und so lange rühren, bis eine homogene Masse entstanden ist. Die Schokoladensoße kurz abkühlen lassen und über die Früchte gießen.
4. Zum Servieren mit Pekannüssen bestreuen und mit Kakaonibs und Minze garnieren.

Belege die Pizza mit Früchten deiner Wahl und tausche Nüsse durch Sesam oder andere Kerne aus. Statt Quark oder Joghurt kannst du auch eine pflanzliche Alternative verwenden.

Erdbeer-Frozen-Yogurt

Für 2 Gläser à 150 ml

Zubereitungszeit: 5 Minuten
Pro Portion: 132 kcal • 8 g EW • 1 g F • 19 g KH

1 reife Banane, in Scheiben geschnitten und tiefgefroren
200 g TK-Erdbeeren, alternativ gemischte Beeren
150 g fettarmer griechischer Joghurt, alternativ Naturjoghurt (1,5 % Fett)
50 ml Kokosdrink, alternativ Mandeldrink
1 TL Zitronensaft, frisch gepresst
1 TL gemahlene Bourbonvanille

Außerdem
2 Dessertgläser

So geht's

1. Gefrorene Banane und Erdbeeren in einen Standmixer geben. Joghurt, Kokosdrink, frisch gepressten Zitronensaft und Vanille zufügen und alles auf höchster Stufe cremig pürieren, bis die gewünschte Konsistenz erreicht ist.
2. Das Erdbeereis in den Dessertgläsern verteilen und sofort genießen. Alternativ in Eisformen füllen und ca. 3 Stunden ins Gefrierfach stellen.

Mein Tipp

In weniger als 5 Minuten zubereitet schmeckt der Frozen Yogurt auch pur ohne Früchte.

Schoko-Erdnuss-Popsicle

Für ca. 4 Stücke

Zubereitungszeit: 5–10 Minuten
Kühlzeit: 3–4 Stunden
Pro Stück: 91 kcal • 5 g EW • 3 g F • 10 g KH

1 ½ Bananen, in Scheiben geschnitten und tiefgefroren
240 ml Mandeldrink
150 g fettarmer griechischer Joghurt
1 ½ EL Kakaopulver, schwach entölt
15 g Erdnussmus
½ TL gemahlene Bourbonvanille

Außerdem

Popsicle-Formen
Holzstiele

So geht's

1. Die gefrorenen Bananen mit den restlichen Zutaten in einen Standmixer geben und zu einer cremigen Masse pürieren. Sollte die Masse zu fest sein, noch etwas Mandeldrink zufügen.
2. Die Eismasse in die Popsicle-Formen füllen, die Holzstiele einstecken und mindestens 3 Stunden ins Gefrierfach stellen.

Mein Tipp

Toppe deine Erdnuss-Popsicles mit zuckerfreier Schokosoße (siehe »Süße Melonenpizza« Seite 143) und gemahlenen Nüssen.

Frozen Yogurt Bites

Für ca. 15 Stücke

Zubereitungszeit: 10–15 Minuten
Kühlzeit: 3–4 Stunden
Pro Stück: 11 kcal • 1 g EW • 0,3 g F • 1 g KH

50 g gemischte Beeren
   (z. B. Heidelbeeren und Himbeeren)
½ reifer Pfirsich
250 g Naturjoghurt (1,5 % Fett)
2 TL gemahlene Bourbonvanille

Außerdem
Silikon-Eiswürfelform

So geht's

1. Die Beeren waschen und größere Früchte halbieren. Alternativ können auch tiefgefrorene Früchte verwendet werden. Den Pfirsich waschen, entsteinen, schälen und anschließend mit einem Pürierstab oder im Mixer pürieren.

2. Den Joghurt cremig rühren und mit Vanille verrühren. Die Hälfte des Vanillejoghurts mit dem Pfirsichpüree mischen und die Hälfte der Eiswürfelformen damit befüllen. In die restlichen Mulden 1 TL Joghurt füllen, dann je ein Stück Obst einlegen und mit dem restlichen Joghurt bedecken. Die Form waagrecht 3–4 Stunden ins Gefrierfach stellen.

Kokos-Frucht-Popsicle

Für ca. 4 Stücke

Zubereitungszeit: 10 Minuten
Kühlzeit: 3–4 Stunden
Pro Stück: 27 kcal • 0 g EW • 0 g F • 6 g KH

100 g gemischte Früchte (z. B. Kiwi, Nektarine, Heidelbeeren, Himbeeren, Erdbeeren)
400 ml Kokoswasser

Außerdem
Popsicle-Formen
Holzstiele

So geht's

1. Die Früchte waschen, gegebenenfalls schälen und klein schneiden.
2. Nach Geschmack in die Popsicle-Formen füllen und mit Kokoswasser auffüllen. Die Holzstiele hineinstecken und das Eis 3–4 Stunden ins Gefrierfach stellen.

Mein Tipp

Für Joghurt-Beeren-Popsicles: Fettarmen griechischen Joghurt mit 100 g Beeren im Mixer pürieren und in die Eisformen füllen. Das Eis ca. 4 Stunden ins Gefrierfach stellen.

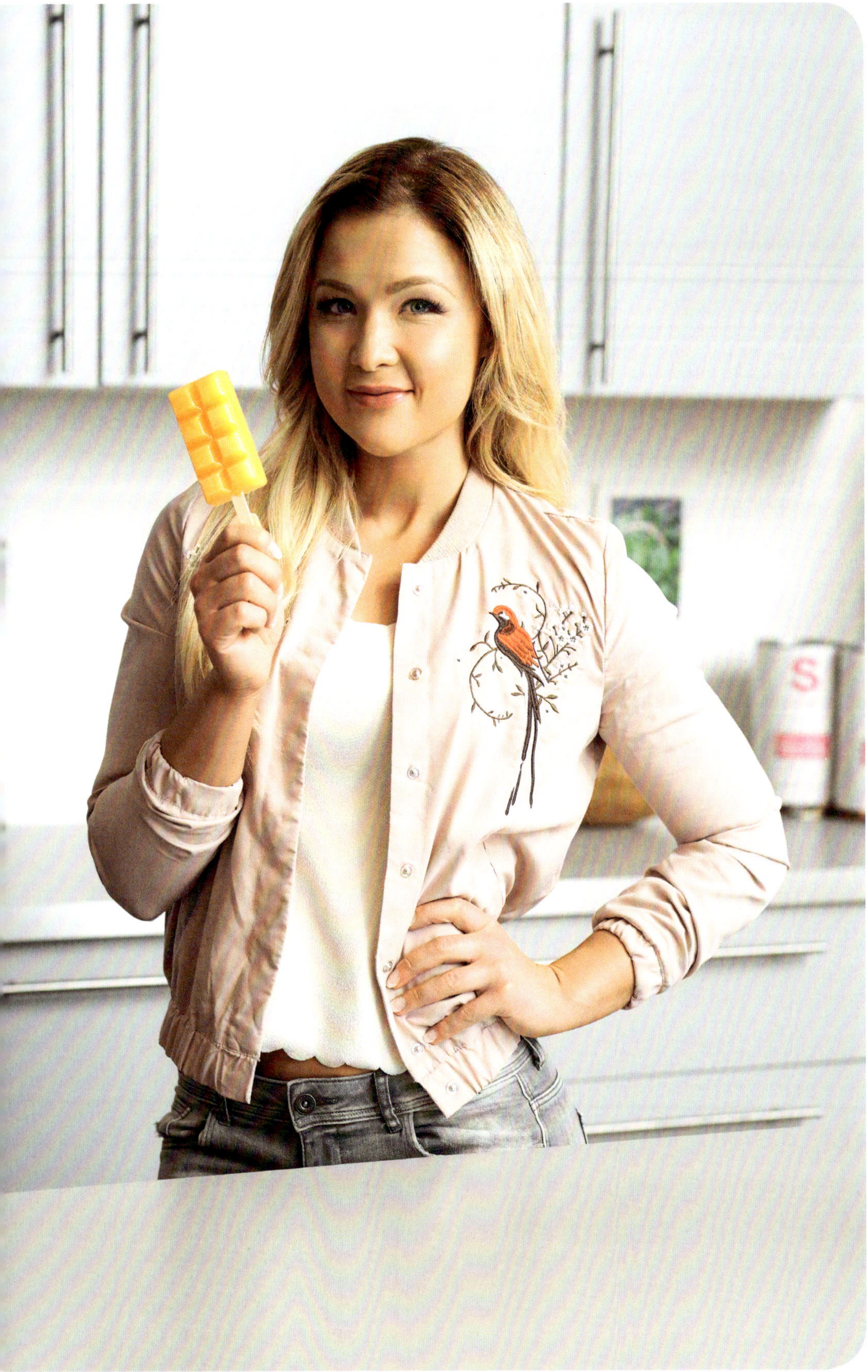

VEGETA-
RISCH

GLUTEN-
FREI

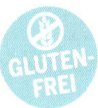

Mango-Protein-Nicecream-Pops

Für ca. 4 Stücke

Zubereitungszeit: 10 Minuten
Kühlzeit: 3–4 Stunden
Pro Portion: 130 kcal • 7 g EW • ½ g F • 22 g KH

1 reife Mango
1 Banane, in Scheiben geschnitten und tiefgefroren
2 EL Eiweißpulver, Vanillegeschmack
100 ml Kokosdrink, alternativ Mandeldrink
Saft von 1 Limette

Außerdem
4 große oder 8 Mini-Popsicle-Formen
Holzstiele

So geht's

1. Die Mango schälen, halbieren, entsteinen und das Fruchtfleisch grob in Stücke schneiden. Mit gefrorener Banane, Eiweißpulver, Kokosdrink und Limettensaft in den Standmixer geben und zu einer cremigen Eismasse pürieren. Sollte die Masse zu dickflüssig sein, noch etwas Kokosdrink oder Wasser zufügen.
2. Die Eismasse in die Popsicle-Formen füllen, die Holzstiele hineinstecken und mindestens 3 Stunden in das Gefrierfach stellen. Alternativ die Mango-Nicecream in Gläser füllen und sofort verzehren.

Mein Tipp

Ich habe immer gefrorene Bananenstücke auf Vorrat im Gefrierfach. Einfach Bananen schälen, in Scheiben schneiden und in eine Vorratsdose geben. Mindestens 2 Stunden ins Gefrierfach stellen. So kann ich spontan eine schnelle, zuckerfreie Nicecream zubereiten. Das Basisrezept einfach durch Zutaten deiner Wahl ergänzen. Das Eis nach Geschmack mit Kakaonibs, Kokoschips oder gefriergetrockneten Früchten bestreuen.

www.sophia-thiel.com

Meine Fitness Sweets

Low-Carb-Tiramisu

Für 1 Auflaufform oder 4 Gläser à 180 ml

Zubereitungszeit: 30 Minuten
Backzeit: 10 Minuten
Kühlzeit: 2 Stunden
Pro Portion: 216 kcal • 22 g EW • 10 g F • 12 g KH

Für die Kekse
1 Eiweiß
1 Prise Salz
2 TL Kokosblütenzucker
60 g gemahlene Mandeln
½ TL Weinsteinbackpulver
1 EL Eiweißpulver, Vanille- oder Schokoladengeschmack
½ TL Zimtpulver
½ TL abgeriebene Bioorangenschale (nach Belieben)

Für die Creme
300 g Magerquark
200 g Naturjoghurt (1,5 % Fett)
20 g Eiweißpulver, Vanillegeschmack
2 TL gemahlene Bourbonvanille
1–2 EL Stevia-(Streusüße), alternativ Birkenzucker (Xylit)

Außerdem
60 ml kalter Espresso
Kakao- oder Zimtpulver zum Garnieren
1 Auflaufform (z. B. 32 x 20 x 5 cm)

So geht's

1 Den Backofen auf 170 °C Ober-/Unterhitze (150 °C Umluft) vorheizen. Ein Backblech mit Backpapier auslegen. Den Espresso kochen und abkühlen lassen.

2 Für die Kekse das Eiweiß mit dem Salz steif schlagen. Kokosblütenzucker, Mandeln, Backpulver, Zimt und Orangenschale in einer Schüssel mischen. Den Eischnee mit einem Teigspatel unterheben und alles zu einem glatten Teig verrühren.

3 Ein großes Stück Frischhaltefolie auf der Arbeitsfläche ausbreiten und den Teig darauf verteilen, eine zweite Lage Frischhaltefolie darüberlegen und den Teig zwischen den Folien mit einem Nudelholz zu einem Quadrat (16 x 16 cm) ausrollen. Die Teigplatte auf das Backblech legen und ca. 10 Minuten im vorgeheizten Ofen backen. Den Keks aus dem Ofen holen, kurz abkühlen lassen und der Auflaufform oder den Gläsern entsprechend in Platten oder Kreise schneiden oder ausstechen.

4 In der Zwischenzeit für die Creme Quark, Joghurt, Eiweißpulver und Vanille verrühren und mit Stevia oder Birkenzucker süßen.

5 Die Auflaufform oder Gläser mit einer Schicht Kekse auslegen und mit dem erkalteten Kaffee tränken. Die Hälfte der Creme darauf verteilen und wieder eine Schicht Kekse daraufgeben, erneut mit etwas Kaffee beträufeln. Die restliche Quarkcreme darauf verteilen und 2 Stunden kühl stellen.

6 Kurz vor dem Servieren mit Kakao- oder Zimtpulver bestreuen.

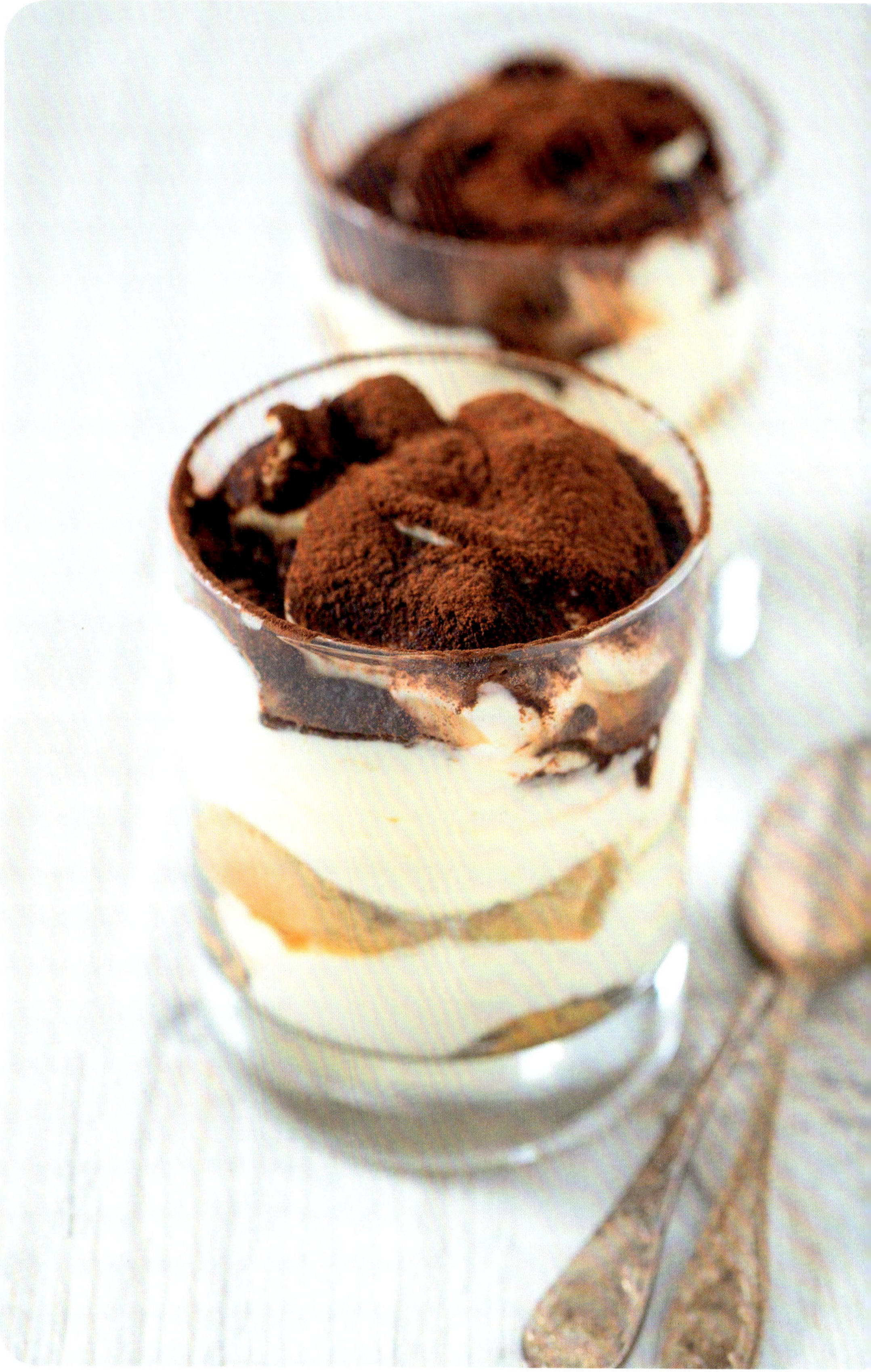

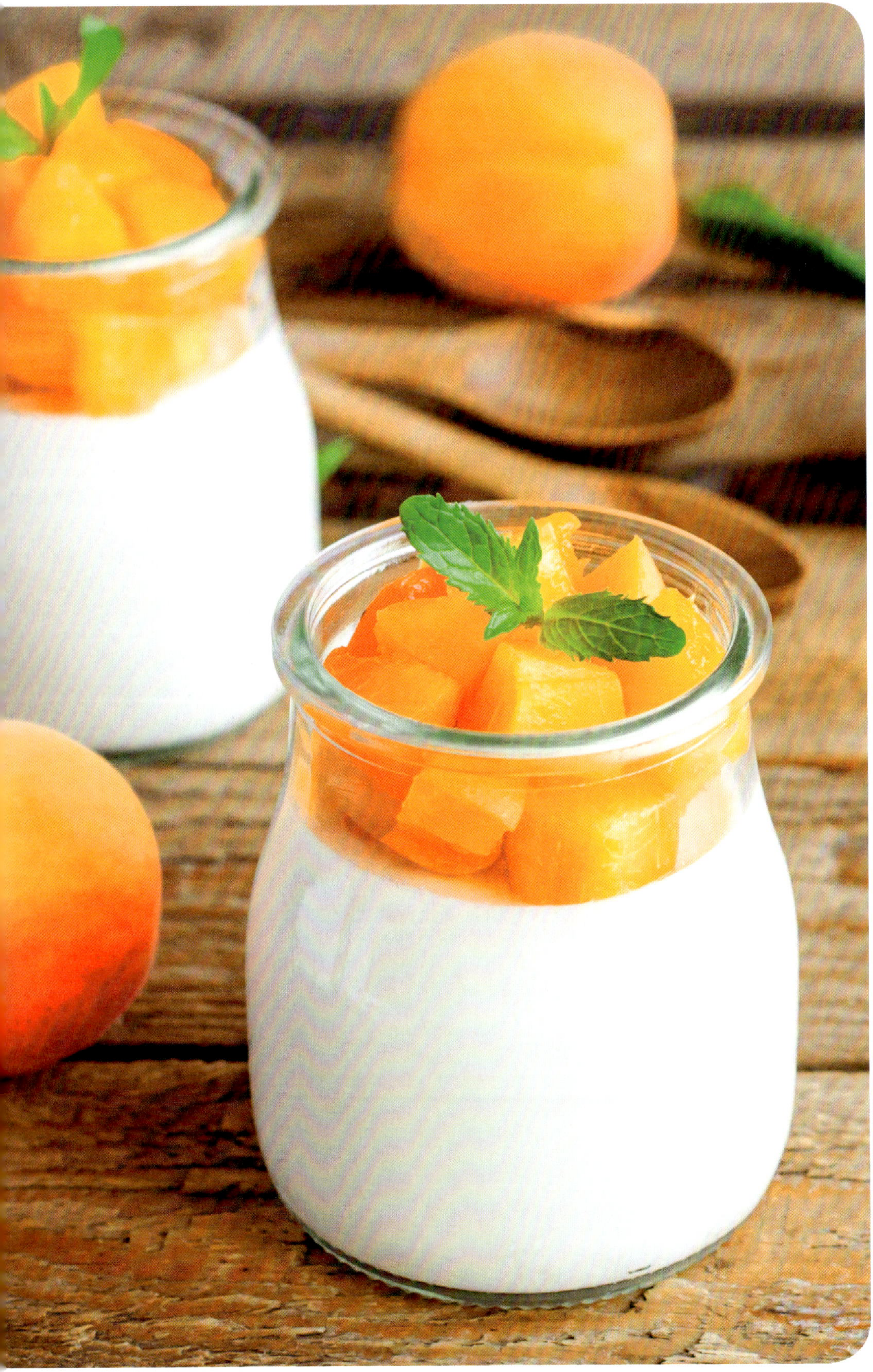

VEGAN

GLUTEN-FREI

LAKTOSE-FREI

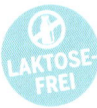

Leichte Pannacotta

Für 4 Gläser à 80 ml

Zubereitungszeit: 10–15 Minuten
Kühlzeit: 30 Minuten
Pro Portion: 66 kcal • 3 g EW • 3 g F • 6 g KH

180 ml Kokosdrink, alternativ Mandeldrink
1 EL pflanzliches Eiweißpulver, z. B. Vanillegeschmack
50 ml Kokosmilch
½ Pck. Agar-Agar (8 g)

Außerdem
4 Dessertgläser
4 reife Aprikosen
Minzeblätter zum Garnieren

So geht's

1. 120 ml Kokosdrink mit dem Eiweißpulver im Standmixer glatt pürieren.
2. Den restlichen Kokosdrink mit Kokosmilch und Agar-Agar in einen kleinen Topf geben und zum Kochen bringen. Ca. 2 Minuten köcheln lassen und ab und zu umrühren. Anschließend den Topf vom Herd nehmen und die Kokos-Eiweiß-Mischung unterrühren und sofort in die Dessertgläser füllen. Abkühlen lassen und 30 Minuten in den Kühlschrank stellen.
3. Die Aprikosen waschen, halbieren und entsteinen. Das Fruchtfleisch in kleine Würfel schneiden. Die Gläser herausnehmen und die Fruchtwürfel auf der Pannacotta verteilen. Mit der Minze garnieren.

Die leichte Pannacotta schmeckt auch mit pürierter Mango, Erdbeeren oder gemischten Beeren.

Mein Programm

Das richtige Training und vor allem eine gesunde Ernährung haben mir dabei geholfen, endlich den Körper zu bekommen, von dem ich schon immer geträumt habe. Mit meinem Onlineprogramm habe ich bereits Zehntausenden jungen Frauen gezeigt, wie auch sie es schaffen.

Gezieltes Training gehört natürlich dazu, aber fundamental ist eine gesunde und ausgewogene Ernährung, die satt und glücklich macht – aber trotzdem die Pfunde purzeln lässt. Denn du wirst nur erfolgreich sein und dein Gewicht dauerhaft halten können, wenn du nicht hungern und vor allem nicht auf Süßes verzichten musst. So wirst du schnell sichtbare Ergebnisse erzielen, dich wohlfühlen und vor allem Spaß an deinem neuen Lebensstil haben. Und wenn du zusätzlich mit mir trainieren, dich mit anderen austauschen und mehr Tipps und Wissen von mir erhalten möchtest, dann steige ein in mein Onlineprogramm. Es besteht aus drei Komponenten: Ernährung, Training und Motivation.

Nur wer isst, nimmt ab

Mein Programm beinhaltet ein vollständiges, individuelles Ernährungskonzept mit E-Books, Videos und einer Vielzahl an Iss-dich-schlank-Rezepten. Darunter sind ebenfalls viele vegane Gerichte und Tipps, wie du auch ohne tierische Produkte die Pfunde loswirst. Jede Woche erhältst du neue Clips mit tollen Rezepten, die du ganz einfach nachkochen und nachbacken kannst. Bald wirst du feststellen, wie sich dein Körper und seine Bedürfnisse durch die Ernährung und das Training verändern. Du wirst mit kleineren Portionen zufrieden sein, weniger Heißhunger auf Süßes haben und wissen, welche Lebensmittel und Zutaten deinem Körper guttun und ihn beim Abnehmen unterstützen.

Die Rezepte in diesem Buch geben dir einen guten Einblick in meine Ernährungsphilosophie. Denn ständiger Verzicht und Hungern kommen für mich nicht infrage. Nur wer mit Genuss isst, nimmt langfristig ab. So hat der Jo-Jo-Effekt keine Chance! Mit mir lernst du alles, was du über Ernährung wissen musst, um nach den ersten zwölf Wochen weiterzumachen. So hältst du dein Gewicht oder nimmst weiter ab.

»Ich habe meinen Traum wahr gemacht. Mit mir zusammen kannst du das auch. Worauf wartest du noch?«

»Ich zeige dir den Weg zu deinem Traumkörper – du musst nur den ersten Schritt machen!«

Trainieren, wann und wo du willst

Ich biete dir ein zwölfwöchiges Trainingssystem für Zuhause und das Fitnessstudio, damit du flexibel bist und dein Workout perfekt in deinen Alltag integrieren kannst. In meinem Onlineprogramm begleite ich dich jeden Tag auf dem Weg zu deinem neuen Ich und erkläre dir in den Trainings- und Infovideos alles, was du wissen musst, um dauerhaft durchzuhalten und erfolgreich zu sein. In meiner Facebook-Community bekommst du zudem viele nützliche Tipps sowie weitere Rezepte und kannst dich mit deinen Mitstreiterinnen austauschen.

Mein Extra: Um dir den Start ins Training zu »versüßen«, findest du hier im Buch einen Gutschein-Code für mein Onlineprogramm.

www.sophia-thiel.com

Anhang

Rezeptregister

A
Apfel-Beeren-Crumble   134
Apfel-Chia-Waffeln   54
Apfeltorte mit Vanillequark   84 f.
Apfel-Zimt-Brot   55

B
Bratapfel-Cookies   109

C
Carrot Cake   65
Cashew-Kokos-Aufstrich   56
Chia-Dessert »Mango Colada«   136
Chia-Fruchtaufstrich   57

E
Erdbeer-Frozen-Yogurt   144
Erdbeer-Joghurt-Cupcakes   115
Erdbeer-Rhabarber-Streuselkuchen   72 f.
Erdnuss-Bananen-Schnitten   75
Express-Granola aus der Pfanne   51

F
Fitness-Kokosbällchen   125
Frozen Yogurt Bites   146
Frühstücksmuffins mit Johannisbeeren   49

H
Heidelbeer-Protein-Muffins   95
Heidelbeer-Protein-Schnitten   67
»Heiße Liebe«-Trifle   141
Himbeer-Mango-Torte   86 f.
Himbeer-Quarktorte   89

J
Joghurt-Beeren-Torte   83
Joghurt-Gums   120

K
Karotten-Apfel-Muffins mit Zimt   97
Kleiner Schoko-Lava-Kuchen   139
Knusper-Joghurt-Cups   43
Kokos-Frucht-Popsicle   147

L
Leichte Pannacotta   153
Low-Carb-Tiramisu   150

M
Mangomuffins mit Erdbeeren   98
Mango-Protein-Nicecream-Pops   149
Marmor-Quark-Muffins   101

N
No-Bake-Cheesecake   69

O
Oatmeal Bars   105

P
Peanut Butter Cups   119
Pekannuss-Schokosplitter-Cookies   111
Pflaumen-Zimtkuchen   61
Pistazien-Schoko-Proteintrüffel   123
Proteinwaffeln mit Erdbeertopping   53

Q
Quark-Eierkuchen mit Apfelraspel   47
Quinoa-Quark-Auflauf mit Heidelbeeren   46

Anhang

R
Raw-Protein-Pops   122

S
Schoko-Chia-Pudding   133
Schoko-Eiweißriegel   127
Schoko-Erdnuss-Popsicle   145
Schoko-Erdnuss-Zoats
    (Zucchini-Porridge)   38
Schoko-Himbeer-Cupcakes   116
Schokokuchen mit Kidneybohnen   71
Schokoladige Quinoa-Knuspertaler   118
Schokoladiger Tassenkuchen   92
Schoko-Pancakes mit Himbeercreme   45
Soft-Erdnuss-Cookies   112
Sophias Biskuitrolle   80
Sophias Pumpkin Pie   70
Sophias Schoko-Hafer-Kekse   106
Sophias Vanillecreme   130
Strawberry-Cheesecake Törtchen   76
Superfood-Energiekugeln   121
Süße Beeren-Smoothie-Bowl   39
Süße Melonenpizza   143
Süßes Beerenomelett   41
Süßkartoffel-Fudge-Brownie   79

V
Vanille-Zimt-Mandeln   126

Z
Zimt-Bananen-Pancakes   44
Zimtschnecken   102
Zitronen-Kokos-Tassenkuchen   93
Zucchinikuchen mit Zitrone   62

Bildnachweis

Dan Carabas
S. 6, 34, 64, 68, 78, 113, 117, 148, 155

Sabrina Sue Daniels
S. 4 (o., Mi., re. u.), 36, 38, 44, 45, 46, 48, 50, 54, 57, 70, 71, 72, 74, 77, 84, 86, 88, 94, 99, 100, 104, 107, 108, 119, 120, 122, 126, 127, 128, 140, 146

Fotolia
A_Lein: S. 55, 60
Alusha: S. 40
fahrwasser: S. 142
Jenifoto: S. 39
k2photostudio: S. 131
s_karau: S. 13
toyechkina: S. 63
Veronika Studer: S. 58, 82
Viktor: S. 118

Shutterstock
A_Lein: S. 145
abc1234: S. 29
Abramova Elena: S. 147
Africa Studio: S. 27
Alexander Ruiz Acevedo: S. 29
Amallia Eka: S. 121
Anna Hoychuk: S. 138
AS Food studio: S. 27
baibaz: S. 18
bernashafo: S. 4 (li. u.), 92, 96
Bogdan Wankowicz: S. 42
Brenda Carson: S. 112
Brent Hofacker: S. 14
Dev_Maryna: S. 47
Diana Taliun: S. 151
Dionisvera: S. 28
Elena Veselova: S. 23
gowithstock: S. 52
HandmadePictures: S. 15, 19
hlphoto: S. 66
istetiana: S. 114
Jiri Hera: S. 31
Lesya Dolyuk: S. 123, 124
Liliya Kandrashevich: S. 93, 132
Lilly Trott: S. 8
Losangela: S. 135
Maxim Apryatin: S. 110
Nataliya Arzamasova: S. 24, 56, 137
NoirChocolate: S. 90, 116
Prostock-studio: S. 10
showcake: S. 12
Siim79: S. 32
south_juls: S. 103
Tetiana Shumbasova: S. 81
Vorontsova Anastasiia: S. 144
YuliiaHolovchenko: S. 152

Clean Baking easy gemacht!

Probiere unser Backproteinpulver als Mehlersatz und spare bis zu 90 % der Kohlenhydrate ein.

 Gute Sättigung

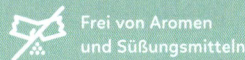 Frei von Aromen und Süßungsmitteln

 Ideal für Clean Baking

shape-republic.com

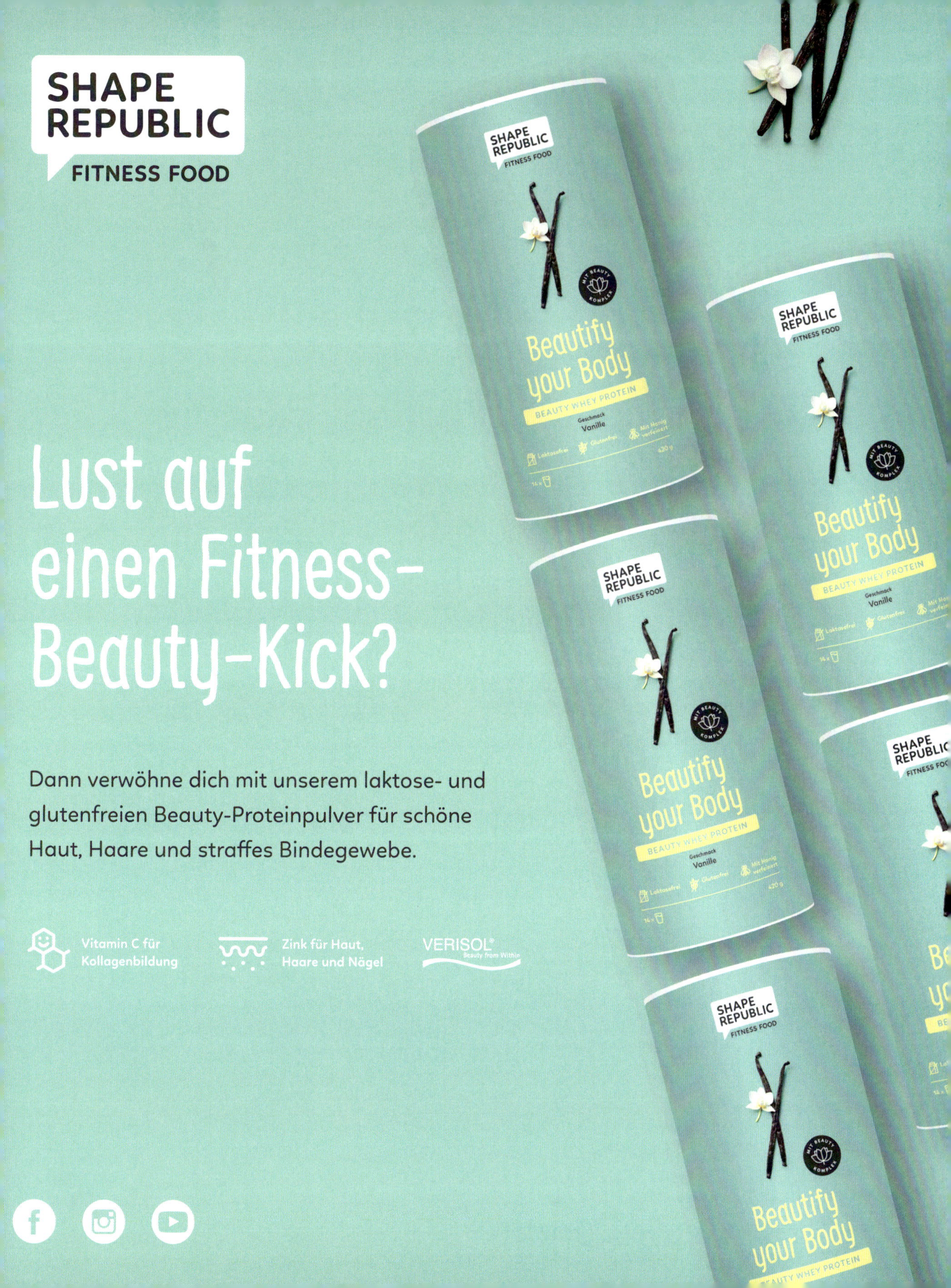

Lust auf einen Fitness-Beauty-Kick?

Dann verwöhne dich mit unserem laktose- und glutenfreien Beauty-Proteinpulver für schöne Haut, Haare und straffes Bindegewebe.

 Vitamin C für Kollagenbildung

 Zink für Haut, Haare und Nägel

192 Seiten
19,99 € (D) | 20,60 € (A)
ISBN 978-3-7423-0117-8

Sophia Thiel
Einfach schlank und fit
Mit 120 Rezepten zur Traumfigur

Sophia Thiel hat es sich zur Aufgabe gemacht, jungen Frauen und Männern zu helfen, die – wie sie früher einmal selbst – mit dem eigenen Körper unzufrieden sind. Sie möchte andere motivieren, ihre Ziele zu erreichen. Ihr Wissen und ihre Erfahrung machen sie zu einer praxiserprobten Expertin für ausgewogene und gesunde Ernährung und effektives Training. Mit ihrem zwölfwöchigen Onlineprogramm haben schon Zehntausende Teilnehmer ihr Leben verändert und erfolgreich abgenommen. In diesem Buch sind 120 einfach zuzubereitende Rezepte versammelt – vom Frühstück über die Hauptmahlzeiten bis zu Snacks und After-Workout-Shakes. Viele Rezepte sind vegetarisch, vegan, laktosefrei, glutenfrei oder kohlenhydratarm.

In einem einführenden Kapitel erklärt Sophia ihr Fitnessprogramm und gibt Infos zu einer gesunden Ernährung. Der Leser erfährt, warum Eiweiß, Kohlenhydrate und gesunde Fette für den Körper so wichtig sind und wie sich Mahlzeiten für unterwegs zubereiten lassen.

Dieses Buch ist perfekt für alle, die abnehmen möchten, ohne dabei zu hungern.